テクノロジストの条件

ものづくりが文明をつくる

P・F・ドラッカー 著
上田惇生 編訳

THE ESSENTIAL DRUCKER ON TECHNOLOGY

BY PETER F. DRUCKER　EDITED BY ATSUO UEDA

ダイヤモンド社

THE ESSENTIAL DRUCKER ON TECHNOLOGY

by

Peter F. Drucker

日本の読者へ——なぜ技術のマネジメントが重要なのか

近代技術は一五世紀の半ばに活版印刷とともに生まれた。人類は仕事に道具を使って以来技術を手にしていたが、人類の歴史において技術が主役の座を得たのは、活版印刷の発明によってだった。そのとき、ヨーロッパが抜きんでた存在となり西洋と呼ばれるものになった。わずか二〇〇年のうちに、西洋による世界制覇を可能にしたものが近代技術だった。

活版印刷の発明は、書物の大量生産をもたらし、社会を一新し、文明を生んだ。印刷本の出現こそ真の情報革命だった。近代を生んだものは蒸気機関ではなくこの印刷本だった。人類の歴史において一度も想像されたことのないもの、すなわち経済発展なるものを生んだのも、この印刷本だった。

われわれはいくつかの技術革命を経験してきた。印刷革命は労働力を変えた。数千人にのぼる教育ある修道士から生計の資を奪った。三〇〇冊の印刷にわずか一日しかかからなくなった。

活版印刷が宗教改革をもたらしたわけではない。だが活版印刷がなければ、マルチン・ルターの宗教改革も地方の小さな運動に終わっていたはずである。ルターはメディアとしての活版印刷の本質を理解し、それを利用した。

西洋では、近代以前にも技術革命があった。印刷革命の一四〇〇年前、皇帝カエサルの時代のローマ帝国に、水利、道路、軍事の技術革命が花開いた。しかし、技術が社会と経済の中心に据えられ、近代企業をはじめとする諸々の社会的機関が技術を中心として生まれたのは一五世紀の印刷革命のおかげだった。

一六世紀後半の次の技術革命では、最古の雇用である農業が変わった。一〇〇年足らずで収穫量が三倍になった。人口爆発が起こり、一三世紀から一四世紀にかけてのペスト禍による人口減を補った。技術革命そのものは近代特有のものではない。近代の特質は、その技術革命を、意図して体系的に行なうようになったことにある。それを行なうための社会的機関が近代企業だった。近代企業は一七七五年、蒸気機関を製造したジェイムズ・ワットとマシュー・ボールトンの会社から始まった。その二世代後、本格的な近代産業が生まれた。ジャン＝バティスト・セイの繊維機械工場に続き、一八〇〇年ごろには蒸気船、一八二九年には鉄道、一八四〇年には郵便、同じく一八四〇年には光学機器と電信が続いた。

これらの新産業と新技術が、既存の産業と事業を陳腐化していった。しかし、破壊する以上に多くのものを誕生させた。何よりも既存の企業に自己革新を迫った。新技術をマネジメントすることを強いた。問題は技術ではなくマネジメントになった。

技術のマネジメントに対する私の関心は六〇年に及ぶ。一九四〇年代半ばには、コンピュータが高速の計算機を超えるものであることを認識した。直ちに私はそれを情報機器（インフォメーション・マシーン）として位置づけ、それが情報理論（インフォメーション・セオリー）と情報技術（インフォメーション・テクノロジー）の開発を迫るであろうことを認識した。そして、われわれが技術のマネジメントを余儀なくされるであろうことを確信した。本書は、この技術のマネジメントについての私の論文のなかから最高のものをまとめたものである。

しかし、化学者、物理学者、設計技師などのテクノロジストは、マネジメントすることを好まない。

むしろ、それぞれの世界で技術や科学の仕事をするほうを好む。彼らはまた、他人の仕事をマネジメントすることも好まない。得意でもない。

その結果、企業、政府機関あるいは研究所においてさえ、テクノロジストでない人たちがテクノロジストをマネジメントすることが多くなっている。たしかにマネジメントの人たちの多くは理系の学位をもっているが、彼らはキャリア的にはかなり若いうちからテクノロジストではなくなっている。マネジメントやマーケティング、財務の世界に移っている。

私自身テクノロジストでない者の一人として七〇年近くも前から、テクノロジストでない人たちにテクノロジストの仕事を理解させることの重要性を意識してきた。しかもテクノロジストとマネジメントの人たちの不調和を目にしてきた。こうしてテクノロジストのマネジメントは、私のコンサルティングと著作における最大の関心事の一つとなった。

本書は、技術とそのマネジメントについての私の論文からなる。「はじめて読むドラッカー」シリーズの（自己実現編）『プロフェッショナルの条件』、（マネジメント編）『チェンジ・リーダーの条件』、（社会編）『イノベーターの条件』に続く四作目として、昔からの私の友人であり、私の著作の編集者兼訳者である上田惇生教授の手になるものである。

先生は、私以上に私の著作に精通しておられる。著作を理解する最善の方法が翻訳をすることだからである。先生は、私の全論文から技術とそのマネジメントについての最高の著作をつくりあげてくれた。しかも、技術のマネジメントについて情報を得るだけでなく、行動の指針とすべき本に仕上げてくれた。

こうして本書は、テクノロジストでない人たちに技術のダイナミクス、可能性、方法論を教えるものとなった。もちろんテクノロジストの人たちのためのものともなった。みずからのアイデアと知識を夢に終わらせることなく、行動に結びつけるうえで必要なマネジメントについての理解をもたらすものとなった。

私はここに、読者の方々とともに上田先生に深く謝意を表するものである。

二〇〇五年春

カリフォルニア州クレアモントにて

ピーター・F・ドラッカー

テクノロジストの条件■目　次

日本の読者へ――なぜ技術のマネジメントが重要なのか　i

プロローグ　**未知なるものをいかにして体系化するか**　3
現実はモダンを超えた／全体は部分の総計か／因果から形態へ／目的論的世界観／新たな哲学／われわれが必要とする体系／進歩からイノベーションへ／かつて変化は破局を意味した／イノベーションのコンセプト／未知なるものの体系化／ひらめきと体系化

Part1　文明の変革者としての技術

1章　仕事と道具　21
技術とは仕事にかかわること／仕事と技術と道具／仕事の組織／仕事の歴史／生きた存在としての技術／技術の理解はその歴史に学べ

2章　古代の技術革命に学ぶべき教訓　31
史上最大のイノベーションの時代／政治、社会、知識の誕生／新技術が灌漑文明の諸制度を生み出した／技術史は歴史の縦糸／灌漑文明の三つの教え／個の扱い／武力、階級、世界観／技術革命の教訓／七〇〇〇年後の課題

3章　近代を生み出したものは何か　43

技術が科学を娶った／新知識が生んだ眼鏡の発明／科学と技術は無関係のものだった／技術革命／技術に何が起こったか／農業革命／産業革命／医学革命／技術革命の影響／技術革命のダイナミクス／技術は行動と知識を結びつける

4章　ＩＴ革命は産業革命になれるか　55

新技術が新産業を生む／産業革命がもたらしたもの／鉄道が世界を一変させた／プロセスのルーティン化／ｅコマースは産業革命の鉄道／流通チャネルの変化／経済全体が変わる／グーテンベルクの印刷革命／相当数の新産業が生まれる／テクノロジストの出現／知識労働者は金銭で動かない／パートナーとして遇する

Part2　技術のマネジメント

5章　知識労働の生産性　73

テイラーの偉業／テイラーの手法／仕事に知識を適用した最初の人／アメリカ生まれの哲学／知識労働の生産性を向上させる六つの条件／仕事の目的／仕事の質は何か／資本財としての知識労働者／先進国にとってはテクノロジストが鍵／テクノロジストの先駆け／どこから手をつけるべきか／先進国の条件／マネジメントの見直しの必要性

6章　ベンチャーのマネジメント　95
成功のための四つの原則／市場中心で考える／予期せぬものが大事／財務上の見通しを立てる／成長に必要な栄養／マネジメント・システム／トップマネジメントの欠落／トップチームのつくり方／二つの悲劇を避けるには／自分はいかに貢献できるか／自分の得意不得意を考える／本田とフォード／相談相手をもつ

7章　つくるだけでは終わらない――**製造の新理論**　113
統計的品質管理（ＳＱＣ）がもたらすもの／品質と生産性と仕事の面白さ／活動基準原価計算（ＡＢＣ）が明らかにするもの／現行方式の四つの欠陥／会計革命の始まり／フレキシブル生産が意味するもの／システムズ・アプローチが変えるもの／工場を越えて／システムとしての製造を理解する／四つのコンセプトの特性／全体は部分の総計ではない

8章　技術をマネジメントする　131
技術とは機会であり責任である／技術を予期する／イノベーションの機会／リードタイムの長さ／エントロピーの法則を破る／イノベーションの手順／影響への責任／テクノロジー・アセスメントは失敗する／外れる予言／予測のむずかしさ／必要なものはテクノロジー・モニタリング／規制を働きかける／技術を無視した経済学／歴史家と社会学者の態度

Part3 イノベーションの方法論

9章　方法論としての起業家精神　155

歴史は螺旋状に動く／経済的な機会／知識動向の分析／ビジョンの先行／技術戦略の必要性／買うものと売るもの／市場のダイナミクス／顧客の観点からのマーケティング／イノベーションとしてのマーケティング／既存の事業から切り離す／トップの役割／目標を高く

10章　イノベーションのための組織と戦略　171

いよいよ激変の時代／イノベーションの意味／イノベーションの力学／イノベーションの戦略／イノベーションの基準／イノベーションのための組織

11章　既存の企業におけるイノベーション　181

既存の企業における起業家精神／障害は既存の事業／起業家精神の条件／廃棄の制度化／診断のための分析／イノベーションの必要度の把握／起業家としての計画／機会についての報告と会議／成功の秘訣の報告／若手との会合／イノベーションの評価／イノベーションの定期点検／イノベーションの業績評価／起業家精神のための組織構造／担当トップへの直結／独立した事業としてスタートさせる／担当者の処遇／イノベーションのための組織づくり／起業家精神のための人事／起業家精神は個性ではない／起業家精神にとってのタブー／得意分野を攻める

12章　イノベーションの機会はどこにあるか　213
イノベーションを生み出す七つの機会／予期せぬこと／ギャップの存在／ニーズの存在／産業構造の変化／人口構造の変化／認識の変化／知識によるイノベーション／右脳と左脳が必要／成功の秘訣とは

Part4　世界観の転換

13章　分析から知覚へ　227
機械的世界観から生物的世界観へ／情報技術がもたらす社会的影響／都市に与える影響／形態と機能／規模への信仰／技術が世界観を変えた／分析から知覚へ／デカルトを超えて

14章　知識の意味を問う　237
脱デカルト／手段となった知識／技術格差／エリート教育は許されない／知識探究の優先順位／知識そのものへの疑問／問われる責任／文明をつくった技能

15章　ポスト資本主義社会の到来　253
転換の歴史／知識の意味の変化／テクノロジーの発明／技術がもたらした文明の転換／資本主義の矛盾／マルクス主義を破った生産性革命／テイラーの動機／経済発展の唯一の原動力／肉体労働の生産性／プロレタリアがブルジョアになった／知識の知識への適用／世界を席巻するマネジメント革命／組織の機

関としてのマネジメント／知識とは何か／方法論としての技術

エピローグ　**インタビュー「新技術は世界をどう変えつつあるか」**　279

編訳者あとがき　287
初出文献一覧　289
ピーター・F・ドラッカー著作目録　291

テクノロジストの条件

今日求められているものは、知識の裏づけのもとに技能を習得しつづける者である。純粋に理論的な者は少数でよい。しかし、技能の基盤として理論を使える者は無数に必要とされる。それは技能者というよりも、技術家、テクノロジストである。若者のなかでも最も有能な者、最も知的な資質に恵まれた者、最も聡明な者にこそ、知識に裏づけられた技能を使うテクノロジストとしての能力をもってほしい。

——『断絶の時代』

プロローグ　未知なるものをいかにして体系化するか

われわれはいつの間にか、モダン（近代合理主義）と呼ばれる時代から、名もない新しい時代へと移行した。われわれの世界観は変わった。われわれは新たな知覚を獲得し、それによって新たな能力を得た。新たな機会が拡がり、それとともに新たな挑戦とリスクを目の前にした。われわれはわれわれ自身が拠り所とすべきものまで手に入れた。

昨日までモダンと呼ばれ、最新のものとされてきた世界観、問題意識、拠り所が、いずれも意味をなさなくなった。今日にいたるも、モダンは政治から科学にいたる諸々のものに言葉を与えつづけている。しかし、政治、理念、心情、理論にかかわるモダンのスローガンは、もはや対立の種とはなっても行動のための紐帯とはなりえない。

われわれの行動自体すでにモダンではなく、ポストモダン（脱近代合理主義）の現実によって評価されるにいたっている。にもかかわらず、われわれはこの新しい現実についての理論、コンセプト、スローガン、知識をもち合わせていない。

現実はモダンを超えた

生まれ育った世界から別の世界へ移り住んできたかのような感さえする。一七世紀の半ば以降三五〇年にわたって、西洋はモダンと呼ばれる時代を生きていた。一九世紀にはその西洋のモダンが、全世界の哲学、政治、社会、科学、経済の規範となり秩序となった。だが今日、モダンはもはや現実ではない。さりとて、モダンの後の現実であるポストモダンも、いまだ定かな世界観となるにはいたっていない。

われわれは一つの大きな転換期を生きている。昨日のものとなったモダンが、無力ながらも表現の手段、期待の基準、処理の道具として機能している。他方、新たなるポストモダンが、手段と道具をもち合わせることなく、われわれの行動を事実上支配しつつある。

数年前、ある兄弟の大学院生が、人はサルの子孫かというかつての大論争を取り上げた芝居を見にいった。テネシー州の中学教師がダーウィンの進化論を教えたかどで有罪となった一九二五年の事件がもとになっていた。それは宗教と科学の長年の軋轢によって生じた突然のクライマックスだった。ところが二人にとっては、その話の筋は理解に苦しむものだった。そこで、その事件の裁判当時学生だった彼らの父親が解説を買ってでた。彼自身聖職の道を志したことのある弁護士だった。だがどう説明しても二人は納得しなかった。遺伝学を専攻する兄も、カルヴァン派の神学生である弟も納得しなかった。

昨日大問題だったことが、今日突然意味を失っていることに愕然とさせられる。モダンの第一世代であるニュートン、ホッブス、ロックの世代でさえ、ついこの間の第二次大戦の世代と通じ合うことができた。しかし、今日ではもはや無理である。ついこの間の選挙の争点さえ、今日では的はずれになっている。

ポストモダンの最初の世代であるわれわれにとって、最大の問題は世界観そのものの転換である。今日われわれが口にしているものは、三五〇年来の世界観である。だがわれわれが目にしているものは、そうではない。しかも、われわれが目にしているものには名前さえない。手段もなければ道具もない。言葉さえない。

世界観とは、つまるところ現実である。美的な知覚、知的な分析、技術上の語彙の基盤となるものである。われわれはその基盤となるべきものを、ついこの間、突然手にしたのだった。

全体は部分の総計か

モダンの世界観とは、一七世紀前半のフランスの哲学者デカルトのものである。この間、心底デカルトを信奉した哲学者はあまりいなかった。しかし、モダンと呼ばれた時代の世界観はデカルトのものだった。ガリレオ、カルヴァン、ホッブス、ロック、ルソー、ニュートンのいずれでもなく、デカルトこそ問題、ビジョン、前提、コンセプトを二重の意味で規定したのだった。

第一に、デカルトは世界の本質とその秩序についての公理を定めた。その一つの表われが、「科学とは因果関係についての知識である」とするフランス学士院の定義だった。端的にいうならば、それは「全体は部分によって規定される」という、科学者でも哲学者でもない者には到底理解できない定義だった。

第二に、デカルトは知識の体系化についての公理を定めた。すなわち、コンセプト間の関係について定量化をもって普遍的基準とした。その二〇〇年後、デカルトの申し子ケルヴィンは「定量化できて、はじめて理解できたといえる」と断じた。

全体は部分の総計であるとの主張は、デカルトが現われるまでの二〇〇〇年、数学上の公理とされていた。ところがデカルトは一歩を進め、全体は部分によって規定され、全体は部分を知ることによってのみ知りうるとした。全体の動きは部分の動きによって規定されるとした。さらには、全体は部分の総計、構造、関係を離れて存在しえないとした。

これらの主張は、今日では当たり前に思われるかもしれない。何しろ三五〇年来常識とされてきた公理である。だがはじめて主張されたときは、際立って革新的な発想だった。

しかし今日、これらの主張の残滓こそ時として散見されるものの、かつてのフランス学士院の定義をそのまま使う科学者は一人もいない。今日の科学と芸術は、すでにデカルトの公理とは相容れない世界観を基盤としている。

因果から形態へ

今日では、あらゆるものが因果から形態へと移行した。あらゆる体系が、部分の総計ではない全体、部分の総計に等しくない全体、部分では識別、認識、測定、予測、移動、理解の不可能な全体というコンセプトを、みずからの中核に位置づけている。つまるところ、今日のあらゆる体系において中核となっているコンセプトは形態である。

生物学がその典型である。この半世紀における生物学の進歩は、デカルト的世界観、すなわち古典力学、分析化学、統計学によってもたらされた。ところがその結果として出現したのは、免疫、代謝、生態、症候、恒常、類型など調和にかかわるコンセプトだった。心理学にしても今日問題としているのは、一九一〇年には心理学用語にさえなっていなかった自我、人格、行動である。これらはすべて全体にかかわるコンセプトであり、全体としてのみ把握することが可能な形態にかかわるコンセプトである。

それらは、個々の音を聞いただけではメロディーがわからないように、部分を見ただけでは絶対に把握できない形態である。逆に部分とは、全体の理解のうえに全体との関連においてのみ存在し、認識しうるものである。キー次第で嬰ハにも変ニにもなるように、形態における部分は、全体における位置によってのみ識別され、説明され、理解される。

その起源とコンセプトにおいて最もデカルト的な体系である物理学においてさえ、今日の焦点は、最もデカルト的ならざるコンセプト、すなわち量子とシステムに合わされている。

これらのコンセプトと用語は、いずれもまったく新しいものである。五〇年前には科学用語としての位置はもちろん、科学上の意味さえもたなかった。いずれも質にかかわるコンセプトであり、量とはまったく無関係である。全体は部分の総計であるとするような公理の適用は不可能なものである。だが逆に、いずれも、部分は全体との関連においてのみ存在が可能であるとする新しい公理に該当するものである。

目的論的世界観

これらのコンセプトに因果律を含むものはない。デカルト的世界観の主軸だった因果律は消えた。だからといって、よくいわれるように偶然性や恣意性が取って代わったわけではない。アインシュタインは神によるサイコロを拒否した。彼の真意は、因果律以外の公理を想定しえなかった物理学、デカルトの目かくしをはずせなかった物理学の批判にあった。すでに近代物理学の中核は因果律ではない。目的律である。

今日ではあらゆる体系が目的律を核とする。ポストモダンにおける諸体系のコンセプトは、全体を構成する要素（かつての部分）は全体の目的に従って配置されるとする。ポストモダンにおける秩序とは、全体の目的に沿った配置のことである。こうしてこの宇宙は、ふたたび目的によって支配されるもの、すなわちかつてデカルトが捨てた世界観へと戻った。

だがここにいう目的とは、中世やルネッサンス期のそれとは異なる。かつての目的は、物質的世界、社会的世界、心理的世界、哲学的世界の外部にある絶対的存在だった。これに対しポストモダンにおける目的は形態そのものに内在する。それは形而上のものではなく形而下のものである。宇宙の目的ではなく宇宙のなかの目的である。

ポストモダンの世界観は、プロセスの存在を必須の要件とする。あらゆるコンセプトが成長、発展、リズム、生成を内包する。デカルトの世界観では、すべてが等式の両辺にあって移項可能だったのに対し、ポストモダンの世界観ではすべてが不可逆である。大人が少年に戻ることはなく、鉛がウラニウムに戻ることもない。大企業が同族の中小企業に戻ることもない。それらの変化は、プロセスにおける質の変化であって、元に戻ることはない。

プロセスにおいては成長、変化、発展が正常であって、それらのないことが不完全、腐敗、死を意味する。

新たな哲学

このポストモダンの世界観が世界の現実となった。今日では、このことはあまりに明らかである。方法論上、哲学上これを知らない者は、よほどの時代遅れである。

今や、この新たな世界観のもとに、生物学、物理学、近代数学、システム理論、オペレーションズ・リサーチ、意味論、言語学、情報理論のそれぞれが、新たな体系化への一歩を踏みだしている。

静止状態における物性を中心におく機械論的コンセプトから、成長、情報、生態という形態とプロセスを中心に据えたコンセプトへの移行が進行中である。

しかしわれわれは、この新しい世界観が常識となりつつあるにもかかわらず、その内容を理解しきってはいない。その形態、目的、プロセスを目にしながら、これらの言葉の真意をいまだ十分には理解していない。

われわれはデカルトの世界観を棄てた。事実われわれにとって、それはほとんど理解不能なものとなった。だがわれわれは、今のところ、新しい体系、方法論、公理を手にしたわけではない。われわれのためのデカルトは、まだ現われていない。その結果、今日ではあらゆる体系が知的のみならず美的な危機に直面している。

実際に仕事をしている人たちは、形態とプロセスのコンセプトを理解する。それどころか、形態とプロセス以外は眼中にない。しかし彼らといえども、厳密な作業をする道具としてはデカルト的世界観に立つ古びた方法論しかもたない。物理学も例外ではない。今日、量子レベルにおける諸々の新発見は、物質、エネルギー、時間にかかわる一般理論をより複雑化し、より混乱させ、より矛盾したものにしているだけにすら見える。

また、最も急速に発展しつつある体系、すなわち最も学ぶべきものの多い体系ほど教えることがむずかしくなりつつある。

この危機は、学者たちがいうような知識の発達にともなう当然の結果ではない。当然の結果とすべきは単純化でなければならない。すなわち、理解と学習と教育の容易さが向上することでなければならない。それこそ知識の発達が目指すものである。われわれの知識が、一般化するどころか専門化し複雑化しつつあるということは、何かきわめて本質的なもの、すなわちわれわれが生き、われわれが見ている世界についての、包括的な哲学体系というべきものが欠けたままであることを意味する。

われわれが必要とする体系

実はわれわれは、今日緊急に必要とされている体系化がどのようなものであるかを知っている。それは、システム、有機体、状況のいずれであれ、普遍的かつ具体的な現実としての全体のコンセプトを与えるべきものである。発展、成長、腐敗など定性的かつ不可逆の変化についての体系である。さらには、変化の予期を可能とする厳密な体系である。原因ではなく方向性を示す体系であり、蓋然性ではなく可能性の微積分を可能とする体系である。

つまるところ、われわれは目的の哲学、質の論理、変化の測定を必要としている。可能性と機会、転換と決定要因、リスクと不確実性、普遍性と適時性、飛躍と連続の方法論を必要としている。統一性と多様性を同時かつ不可欠の両極とする弁証法を必要としている。

これは、とても実現しそうのない大それたことに思われる。しかしそのような体系化は、われわれが思っているよりもはるかに進んでいる。すでにそのような体系を基盤として仕事は進められている。すなわちイノベーションであり、個と社会との調和のための諸々の仕事である。

しかもわれわれは、中学一年を教える数学教師のいう「大切なことは答えではなく問題である」との言葉の真意すら知るにいたった。哲学、科学、論理、さらには芸術においてさえ、正しい問いがなされるや問題は解決の緒につく。そのとき、われわれは何が適切であって、何が意味あるかを知る。

進歩からイノベーションへ

あの「必然の進歩」はどこへ行ったか。かつて進歩への信奉は、歴史の必然として不動のものだった。

それはワイマール共和国のドイツ社会民主党員、一九三〇年代の左翼ブッククラブの会員たるイギリス中産階級、大学の教授会を支配したアメリカのリベラルが信じたものだった。

今日では必然の進歩への信奉は、そのまま視野狭窄を意味する。政治スローガンに垣間見ることはあっても、もはやそれがそのまま報道されることはない。それを口にするのは、せいぜいが年老いた教条的共産主義者のみである。しかもその意味するところは、必然としての破局にほかならない。

われわれは共産主義国家の若手幹部を含め、もはや必然の進歩に楽観することも、悪しき人間性に絶望することもない。いかなるものに向かうとしても、自動的な進行を想定しない。われわれにとって、終着地はもちろん、進行方向にさえ予定されたものはない。

では、われわれは何を信じるべきか。

残念ながら、書かれたもの、記されたものにその答えはない。それらのもののなかにあるのは、混乱、懐疑、矛盾である。ところが実は、明確な、しかし予期せぬ答えが、われわれ自身の行動のうちにある。もはや自然の進歩はもちろん、必然の進歩もない。しかしわれわれは目的意識をもち、方向づけし、体系化した変化としてのイノベーションを実践しつつある。

イノベーションとは、未知なるものへの跳躍である。目指すところは、新たなものの見方による新たな力である。その道具は科学的であり、プロセスは創造的である。しかしその方法は、既知のものの体系化ではなく、未知なるものの体系化である。

イノベーションの力がわれわれにもたらす影響はすでに重大である。イノベーションは技術を変え、技術を方向づける。技術以外のイノベーションの力すら与える。イノベーションのコンセプトは方法論にとどまらない。それは確実性ではなくリスクを是とする世界観そのものである。宇宙における人間の役割についての新しい見方である。人はリスクをおかすことによって新たな秩序を創造する。イノベーションとは、人間の力を主張することではなく、人間の責任を受け入れることである。

かつて変化は破局を意味した

必然としての進歩から、実践としてのイノベーションへの移行にともない、デカルト後の世界観、すなわちポストモダンの世界観が明確な形をとりはじめた。イノベーションを実現していくなかで、形態とプロセスのコンセプトが実質的な意味をもちはじめた。

イノベーションにおける変化とは、目的意識をもって方向づけした活動を意味する。それは変化を恐れるプレモダン（近代以前）の見方とも、変化を必然の進歩とするモダンの見方とも異なる。これら二つの見方は、変化を人間の力ではいかんともしがたいものとしていた。たとえ固い決意があったとしても、人間の力では目的も方向も変えようのないものだった。

もちろん人類は変化の歴史を歩いてきた。無常、流転、適応こそ馴染みのものだった。しかし、変化は常に破局とされ、不変が理想とされた。あらゆる制度は変化の奔流をせき止め、あるいは遅らせることを第一の目的とした。家族、教会、軍、国家の役割は、いずれも変化の脅威から個を守ることだった。歴史を通じて、「有史以来」は絶対の保証書であり、「伝統への回帰」は変化が身につけるべき衣装だった。

ルネッサンスは、その創造力と影響力の大きさにもかかわらず、古代への復帰を称した。宗教改革は原始キリスト教への回帰を称した。原始教会からの逸脱は堕落扱いされた。時代が下り、アメリカの独立はイギリス臣民の権利回復として正当化された。第一次大戦後のヨーロッパさえ、未来に向けた何ものかではなく一九一三年以前の黄金時代の回復を目指し、かえってその後の破局を招いた。

必然の進歩への信奉は、変化に対する人間の態度を変えた。しかし、人間の力ではどうにもならないものとする変化の特質は、そのまま残された。つまるところ、必然の進歩への信奉は、等式の両辺をマイナスからプラスに、すなわち脅威としての変化を期待としての変化に変えただけだった。それは、神の御心というキリスト教の歴史観の世俗版にすぎなかった。時計こそ永遠のものから歴史のものへと代えられたものの、変化そのものは人が動かすものではなく、みずから動くもののままとされた。

イノベーションのコンセプト

今日、われわれは変化それ自体を良いとも悪いとも見ない。たんに常態とする。秩序を変えるものとは見ない。秩序そのものと見る。秩序とはダイナミックに動く変化そのものであると認識する。そして、もし変化が秩序であるとするならば、それは人が予期し、方向づけし、管理できるものであるとする。

イノベーション自体は、新しいものではない。人類の誕生以来ずっと行なわれてきた。家族以外のあらゆる機関、あらゆる理念、あらゆる方法、あらゆる道具が、目的意識をもって意図的に始められたイノベーションだった。今日新しいことといえば、人間は変化を予期し、方向づけし、管理しつつ、みずから秩序をもたらしうる存在であるとの人間観だけである。

体系的イノベーションなるコンセプトさえ、さほど新しいわけではない。科学的知見によるイノベーションの最初のものは、一八五六年のイギリス人ウィリアム・パーキンによる合成染料の偶然の発見とその産業利用だった。彼こそ科学産業の父であり、研究開発と近代技術の生みの親だった。

産業人の役割をイノベーターと見た最初の経済学者が、カール・マルクスだった。彼の経済史家としての値打ちがこの洞察だった。しかし、もしこの洞察を認めてしまったら、必然の進歩のコンセプトが崩壊する。そこでマルクスは階級の客観的論理を決定要因と位置づけ、イノベーションを欺瞞的幻想とみなすことによって、せっかくの洞察を捨ててしまった。

今日となっては到底理解しがたいことである。われわれにとって、イノベーションは当然のことであり、変化は常態である。われわれには歴史の論理なるものはない。必然の進歩のコンセプトもない。しかしそのわれわれにしても、イノベーションの意味を本当に理解しているだろうか。

未知なるものの体系化

フランスの偉大な物理学者アンリ・ポワンカレは、科学上の発見に果たす直観の役割をはじめて指摘した。彼が取り上げたのは無意識かつ予見不能なひらめきだった。しかし、ひらめきについてできることは、ポワンカレもいったように注意して待つことだった。

ところが今日われわれは、未知なるものへの跳躍のための方法論が存在すると確信している。それは、教えることは無理にせよ、身につけることはできるはずのものである。われわれは知覚の方法論さえ開発中である。それは昨日までの科学の方法と異なり、既知のものの体系化ではない。未知なるものの体系化である。

その典型が、現代物理学と現代化学の基礎となった、一八六九年から七二年のドミトリー・メンデレーエフによる元素の周期律の発見だった。彼自身は新しい元素の発見も、すでに知られていた六三の元素の未発見の性質を解明することもなかった。あるいは、元素とその構造や関係について新理論を提唱したわけでもなかった。すなわち、彼は既知のものを体系化したわけではなかった。

それまでの化学の歩みは、既知のものを体系化する試みだった。そのためロザー・マイヤーをはじめとする偉大な化学者たちの努力も、せいぜい混乱に輪をかけるにとどまっていた。これに対しメンデレーエフは、既知の元素に秩序をもたらすには、いかなる未知なるものを想定しなければならないかを考えた。

教科書では、メンデレーエフの理論が周期律の空欄、すなわち未発見の二九の元素とその重量、性質を明らかにしたと教える。逆に、既知の六三の元素が空欄を明らかにしたのではなく、空欄が六三の元素に位置を与えたと教えることはほとんどない。しかしすべての偉業は、この未知なるものの体系化によっている。

メンデレーエフの偉業に匹敵するものはあまりない。しかし今日、はるかにささやかではあるが、われわれも同様の試みを体系的に行なうようになったところである。

その一つが原爆開発のマンハッタン計画だった。ハーンとマイトナーが原爆を可能にしたことは、ほとんどの核物理学者が直ちに理解した。しかし原爆の開発には、未知なるものを体系化すること、明らかにすべきことを理解すること、それらのものの意味を確定することなど、未知なるものの一つひとつについて、なすべき仕事を組織化することが必要だった。

小児麻痺ワクチンの開発もまた、未知なるものの体系化にもとづくイノベーションだった。そこでも課題は、既知なるものの混乱に秩序をもたらすには何を想定しなければならないかだった。すなわち、得るべき知識の仕様だった。

ひらめきと体系化

重要なものは、道具ではなくコンセプトである。宇宙、構想、知識には秩序が存在するはずであるとする世界観である。しかもその秩序は形態であって、分析の前に知覚することが可能なはずであるとする信条である。その知覚がイノベーションの基盤になるとの考えである。そして最後に、その知覚は未知なるものの体系化によって一挙に獲得することができ、そこから新しい知識と道具を手に入れることができるとする確信である。

イノベーションとは追加であって、入れ替えではない。天才のひらめきという創造的行為に代わるものではない。あるいは逆に、既知なるものの応用と洗練のための体系的な仕事を不要にするものでもない。

それどころか、イノベーションは天才のひらめきと改善の努力の力を倍加する。言い換えるならば、イノベーションには地平線のかなたの稲妻を電力に変える働きがある。同時に、それは日常の活動の方向性を定め、既知のものの拡充という地道な努力が新たな創造に転換するときを教える。イノベーションとは、それらの跳躍を用意するものである。

天才のひらめきを体系的なイノベーションに発展させた例が、抗生物質の発見だった。フレミングの天才のひらめきによって、ペニシリン基の殺菌力が発見された。ワックスマンによる未知なるものの体系化によって、生物現象についての理解と抗生物質による治療というイノベーションが生まれた。その間に一〇年を要した。しかし、ワックスマンによるイノベーションの後は、抗生物質の体系的な発見とその効用および副作用の理論的な解明が一夜にして可能となった。

イノベーションといえども、人間の能力の限界を越えることはない。しかし、それは限界のなかに可能性を生む。今日の知識を越えた目標を設定し、その目標の実現に必要な課題を明らかにし、その課題を達成するための仕事を組織化する。

ここで再度繰り返すならば、イノベーションとは何も新しいことではない。新しいことといえば、ひらめきによって行なっていたことを体系的に行なうようにしたことだけである。そして、天才しか行なえなかったことを普通の人間が行なえるようにしたことである。

イノベーションには二つの領域がある。自然と社会である。それは、自然への理解を通じて何ものかを生むための技術的イノベーションであり、社会のニーズの診断を通じて必要なコンセプトと仕組みを生むための社会的イノベーションである。いずれのイノベーションも、われわれに新しい能力を与える。技術の可能性を無限とし、社会の改革以上のものを可能とする。

Part 1

文明の変革者としての技術

1章　仕事と道具

「あらゆる動物のなかで人間だけが意識して進化する。すなわち道具をつくる」

チャールズ・ダーウィンと同時代に進化論を唱えたアルフレッド・ラッセル・ウォーレスのこの言葉は、当たり前と思われるかもしれない。だが、この言葉こそ重大な洞察である。一九世紀の言葉でありながら、その意味するところは、今日のテクノロジストと生物学者のいずれもが噛みしめるべきものである。

テクノロジストは、機械的な人工物が道具であるとしがちである。だが、それでは狭義にすぎる。言語をはじめとする抽象的なコンセプトも道具である。だからといって、物理的な道具の定義が無効というわけではない。あらゆる体系にそれぞれ特有の定義と分類がある。しかしこのことは、テクノロジストが、みずからの定義が狭義にすぎ、理解と知識の助けではなく障害とならないよう注意すべきことを意味する。

技術とは仕事にかかわること

特にこれらのことは、技術史を考えるときに重要な意味をもつ。通常の定義によれば、そろばんやコンパスは道具だが、九九の表や対数表は道具ではない。だが、それでは数学の歴史への理解が不可能になりかねない。

同じようにテクノロジストによる芸術の無視は、技術と科学の関係の理解を不可能にする。なぜならば、少なくとも西洋では、ゴシック建築における数学理論、ルネッサンス絵画における幾何学、バロック音楽における音響学に見るように、科学は、技術と知り合うはるか前に、芸術と世帯をもっていたからである。しかも機械の歴史を理解するには、聖ベネディクトが最初に取り入れた労働の尊厳と聖性という、いたって非機械的、非物理的な領域への理解が必要である。

しかし、道具の定義を機械的な人工物という狭義の定義に絞ったとしても、ウォーレスの洞察には重大な意味がある。チャールズ・シンガーの名著『技術の歴史』（一九五六年）はその序文において、技術とは「もののつくられ方」であると定義する。私の知るかぎり、テクノロジストのほとんどがこの定義に従っている。だがウォーレスの洞察が導く定義は、これとは異なる。すなわち、技術とは「もののつくり方」である。

技術の意味と目的についても、シンガーの『技術の歴史』は、これまた通説として、「環境の支配」と定義する。ところが、ここでもウォーレスの洞察に従えば、技術の目的は「限界の克服」ということになる。

技術は、エラとヒレをもたず、翼をもたない二足の地上動物に水中と空中を動く力を与えた。薄い皮膚の亜熱帯動物に極寒極暑を生きる力を与えた。脆弱にして鈍重なほ乳類に象並みの力と馬並みのスピードを与えた。子孫の再生産に必要な二五年という自然寿命を三倍にし、さらに一〇年を加えた。自然死が猛獣、疫病、飢餓、事故によるものだったことを忘れさせ、もっぱらそれを老衰によるものにした。

これら人類の発達は、みずからの居住環境である自然にも影響を与えた。その衝撃は近年加速化する一方である。しかも、それらは副次的な産物である。

重要なことは、これらのすべてが、生物的な突然変異ではなく意識して行なわれた非有機的な発展、すなわち、われわれが技術と呼ぶものの力によって起きたことにある。こうしてウォーレスの洞察は、技術とは「もの」を超えたものであるとの結論を導きだす。それは、他の動物が生きるために全エネルギーを投入しているなかにあって、人がその課された生物的な限界を克服し、仕事をするためのものである。

実はこの定義は、テクノロジストのものではないアプローチ、たとえば文化人類学の導きだす定義でもある。技術とは人間のための人間の活動である。つまるところ、技術とは仕事にかかわることである。

仕事と技術と道具

このことは、技術史家にとって言葉の定義を超えた意味をもつ。技術の発展は、仕事とのかかわりにおいて研究され、仕事の発展という文脈において理解されて、はじめて意味をもつ。

技術と道具は、いかなる仕事が可能であるかを左右するだけでなく、いかに行なわれるかを左右する。逆に、仕事とその構造、組織、コンセプトは、技術と道具の発展に影響を与える。その影響はあまりに大きく、仕事とのかかわりがわからなければ、技術の発展も道具の発展も理解できないといってよい。この結論の正しさを証明する例は枚挙にいとまがない。

仕事の研究と改善が始められたのは、一九世紀末、フレデリック・W・テイラーによってだった。

それまで仕事は所与だった。しかし、テイラーの科学的管理法（サイエンティフィック・マネジメント、誤称であって科学的仕事研究と名づけるべきだった）は、技術と道具についての手法ではなかった。それは技術と道具を所与とし、仕事を経済的、体系的、効率的に行なうためのものだった。

ところがそれだけのことで、ほとんど直ちに道具、工程、製品の発展が見られた。たとえば組立ラインの誕生だった。あるいは製造から組み立てへの生産プロセスの進化だった。さらには、ものをつくることを中心とする生産システムから、ものと情報の流れを中心とする生産システム、すなわちオートメーションへの進化だった。

技術と道具の変化は、仕事の研究への最近の取り組みからも生まれようとしている。人間工学、産業心理学、産業生理学の取り組みである。科学的管理法とその系列の手法は、仕事を作業として研究した。これに対し人間工学とその仲間たちの研究は、人体、知覚、神経系、感情に焦点を合わせている。その典型がパイロットの疲労研究である。あるいは学習研究である。

緒についたばかりのそれらの研究が、すでに測定と制禦の理論と機器に大きな変化をもたらしつつある。さらには技術、道具、工程の再設計をもたらしつつある。

実は、仕事の改善は、テイラーによる仕事の体系化の前から行なわれていた。その最古のものがアルファベットだった。組立ラインのコンセプトも大昔から理解されていた。ホメロスの時代を最後として、英雄たちの戦いは反復動作を身につけた軍団に舞台を奪われた。長柄鎌の発明は、四足から二足への進化への対応として、遅ればせながらも人間工学の傑作だった。こうして仕事の発展は、技術、道具、工程、製品を直接的に変えてきた。

仕事の組織

技術を最も変えたものは、最も知られるところの少ない仕事の側面、すなわち仕事の組織だった。仕事は有史以来ずっと個のものであり、かつ集団のものだった。史上最も集産的な社会だったペルーのインカ社会でさえ、仕事を完全に集産化することはできなかった。道具、陶器、衣類、祭具の製作は、蜂や蟻の仕事のように集団の仕事に分化することなく、個の仕事でありつづけた。逆に、古典派経済学の市場モデルのような徹底した個人主義的社会でさえ、法、貨幣、信用、輸送については膨大な集産化を必要とした。

このように個の仕事と集団の仕事の間に多様な組み合わせがありえたということは、仕事の組織は単一たりえないということを意味した。可能性のある組み合わせは多様であって、選択の幅は広かった。言い換えるならば、仕事の組織とは、それ自体が人間固有のものとして、意識的な非有機的進化における主要な手段の一つだった。組織自体が人間にとっての重要な道具だった。

われわれが仕事の組織に目を向けたのは、最近数十年のことにすぎない。しかしすでにわれわれは、仕事と組織が密接な関係にあることを知っている。ニューヨークの服飾産業の前近代性にしても、その原因は技術、経済、市場にあるのではなく、あの地域特有の社会関係にあることが明らかになっている。

逆の状況もある。工場に新設備が導入されたとき、職場の組織は大きく変わる。有効に機能していたそれまでの組織が、生産の阻害要因になる。ソ連で起きた農業機械による集団農場の陳腐化が、その典型だった。

仕事と組織の相互関係はもともと存在していたはずである。しかし、われわれが仕事と組織の歴史について知るところは多くない。記録はある。偉大な作家であるヘシオドス、アリストファネス、ヴエルギリウスが多くを書き残した。仕事を描いた絵画、陶器、木版、銅版も無数にある。欠けていたものはわれわれの関心であり、研究だった。

仕事の歴史

ヘレニズムにとらわれた政治史家や芸術史家は、仕事を軽視する。一方、技術史家はものに焦点をあわせる。その結果、われわれは仕事の歴史について、ほとんど何も知らない。われわれはすでに明らかになっている道具の歴史さえ無視する有様である。たとえば、資材の移動とそのための道具への無関心である。われわれ自身ものをつくるよりも、ものを動かすことのほうが大事《おおごと》であることを知っている。しかし、これまで資材を移動するための道具には、ほとんど関心が向けられなかった。

H・G・トンプソンは『技術史』において、中世には「建築家はいなかった。いたのは石工の親方だった」と簡単に片づける。しかし、そうでないことを示す証拠は無数にある。

当時すでに、高度の専門職としての建築家が活躍していた。その権能と地位において、彼ら建築家は、親方たちとは別種の専門家だった。無名どころか、スコットランド、ポーランド、あるいはシチリアへと仕事の場を移していく名のある建築家だった。彼らは記録に名を残すにとどまらず、建造物そのものに建築家、幾何学者として盛装した肖像画を残すなど、今日の高名な建築家さえためらうであろう方法で名を残した。

さらに、われわれは今日いまだに、ゴシック建築を職人の作品とするドイツ浪漫派の思い込みを踏襲したままである。しかし、それら大聖堂の構造体は均一の部材であって、使用された型はギルドの所有物だった。職人の技によるものは屋根、窓、扉、彫像、その他装飾だけだった。しかも部材を製造する職人と、それを組み立てる労働者の間には截然とした分業があり、部材移動という仕事のための高度の技術があった。しかしそれらのことについては、今日にいたるも研究はされていない。

道具、工程、製品についての歴史的な研究が不要というわけではない。われわれはさらに多くを知る必要がある。しかし仕事そのものの歴史こそ、技術を学ぶ者が本腰を入れて取り組むべき報いの大きい研究領域である。技術史が古物収集にとどまることなく真の歴史となるには、仕事の歴史についての研究が不可欠だということである。

生きた存在としての技術

最後にもう一つ問題がある。仕事についての研究と理解なくして、いかにして技術の理解に到達しうるかという問題である。シンガーの『技術の歴史』（一九五四～五八年）全五巻は、この試みを最初から諦めている。その編者たちは、技術はあまりに複雑となり、理解するどころか記述することさえ困難になったという。

しかし技術が力を発揮し、文明と自然に影響を与えはじめたのがその頃だった。したがって、その頃技術を扱えなくなったとすることは、子宮を出た後の胎児は医学では扱えないとするに等しい。われわれに必要なのは、多様で複雑な道具を体系化するためのコンセプトである。

歴史家でも技術者でもない素人の身としては、そのようなコンセプトがなければ、技術革命前の技術でさえ不可思議な存在、理解も記述も不可能な存在に見える。

技術の書き手たちはみな、技術に影響を与える要因と技術の影響を受ける要因、すなわち経済、法律、行政、価値観、コンセプト、信条、知識にいたる各要因の、桁はずれの多様性と複雑さを指摘する。もちろん、これらのすべてを知ることは至難である。いわんや、あらゆる関係が変化するなかにあって、これらのすべてを把握することは不可能である。しかしながら、これらはすべて何らかの形で技術の一部である。

そのような状況における最も一般的な対応は、経済あるいは信条など、これら要因のうちの一つを取り上げ、支配的要因とみなすことである。しかし、そのとき技術にかかわることすべてが理解不能となる。いかなる要因といえども、技術との間でいかなる影響を与え合ったとしても、技術を支配する要因とはなりえない。制約的な要因となるか、機会を提供する要因となるのが関の山である。

技術は、人類学にいう文明のコンセプト、すなわち要因間のバランスによって理解することはできない。孤立した滅びゆく原始部族の文明ならば、要因間のバランスとして理解しうるかもしれない。しかし、そうした文明しかもちえないことこそが、それらの部族が滅びゆく原因である。活力ある文明とは、それらの要因の方向性と相関関係において、自立的に変化する能力をもつ文明である。

言い換えるならば、技術とはシステムである。すなわち、あらゆる部分とあらゆる活動が互いにからみ合う有機体である。

技術の理解はその歴史に学べ

われわれは、そのようなシステムが、あらゆる要因を識別可能とし、かつシステム自体の複雑さを統合する焦点をもつとき、はじめて研究し理解することができることを知っている。

われわれが技術と呼ぶ複雑なシステムの理解に必要な焦点を、道具、工程、製品そのものについての研究がもたらすことはない。しかし仕事についての研究ならば、そのような焦点をもたらす。互いに依存関係にありながら、あくまでも独立した存在である諸々の要因の統合を可能とする。技術そのものと、その役割、価値、制度、知識、信条、個人、社会との関係、およびそれらに対する影響への理解を可能にする。

まさに今日、そのような理解が不可欠である。それは今日という時代の最大の出来事が、西洋技術の氾濫による非西洋社会の消滅となるおそれがあるからである。

ところが今日のところ、われわれにはこうした事態を分析し、それが人類とその諸制度、価値にいかなる結果をもたらすかを予測するすべがない。いわんや、われわれが事態を制禦し、生産的なもの、少なくとも耐えられるものにするには、何がなされなければならないかを知るすべもない。すなわち、われわれは技術についての理解、理論、モデルを切実に必要としている。

歴史を、死せるものの死体置場、失われたものの倉庫とするわけにはいかない。古物収集とするわけにもいかない。歴史は、われわれ自身を理解する助けとなり、あるべき未来をつくる助けとならなければならない。統治を学ぶために政治史を学び、美を学ぶために美術史をひも解くように、われわれは技術を理解するために技術史を調べなければならない。

技術史家自身が道具と製品の収集にとどまることなく、技術についての何らかのコンセプトをもたないかぎり、いかにしてそのような理解をわれわれに与えることができるだろうか。技術とその歴史についての焦点を、「もの」ではなく「仕事」に合わせることなくして、いかにしてこうしたコンセプトを発展させることができるだろうか。

2章　古代の技術革命に学ぶべき教訓

われわれは技術革命のさ中に生きる者として、それが一人ひとりの人間に与える意味と、社会、政治、自由に与える影響について関心をもたざるをえない。しかも今日、技術は人をユートピアに導くとの救世主的な約束がある一方で、技術は人を奴隷化し、疎外し、価値の一切を破壊するとの暗い警告がある。

史上最大のイノベーションの時代

今日の技術の爆発には凄まじいものがある。しかし、七〇〇〇年前に誕生した人類初の偉大な文明である灌漑文明において、技術が人間の生活にもたらした大革命に比べれば及ぶべくもない。新しい社会と新しい政治体制は、まずメソポタミアに出現し、続いてエジプトとインダス川流域、最後に中国に出現した。それが、やがて灌漑帝国へと急速に発展していった灌漑都市だった。

生活と生計にもたらされた変化のなかで、この時代のものほど人間の社会とコミュニティを変えたものはない。今日進行中の変化も遠く及ばない。文字を生み出すという一事をもってしても、それは人類の歴史の始まりだった。

灌漑文明の時代は、技術のイノベーションに卓越した時代だった。その範囲と影響において、この時代における技術、道具、工程の変化に匹敵するイノベーションが次に起こったのは、歴史的にはつい昨日にすぎない一八世紀である。事実、一八世紀にいたるまで、技術は生活と社会に与える影響に関するかぎり、基本的には少しも変わらなかった。

灌漑文明は偉大な技術の時代だっただけではない。社会的イノベーションと政治的イノベーションにおいても、人類史上最も実り豊かな時代だった。

とかく思想史家たちは、人間を行動に駆り立てる思想の淵源を古代ギリシャ、旧約聖書、古代中国の王朝に求める。しかし、われわれの社会と政治の骨組みは、それらの政治哲学よりも数千年前に生まれていた。すべては灌漑文明の夜明けに生み出され、確立された。したがって、社会制度、政治制度、あるいは社会的プロセス、政治的プロセスに関心をもつならば、われわれはあの灌漑都市にまでさかのぼらざるをえない。

ありがたいことに、われわれは最近半世紀における考古学者と言語学者の研究により、灌漑文明についての知識を十分蓄積した。その結果、灌漑文明の全体像を知るにいたった。現代社会を理解するうえで、灌漑文明にさかのぼることができるようになった。実に今日の社会制度と政治制度は、基本的にはほぼ例外なく、この灌漑文明の時代に誕生し確立されたものだった。

ここにいくつかの例をあげる。

政治、社会、知識の誕生

第一に、灌漑都市は統治の機構として恒久的な機関を生み出した。明確な階層をもつ非属人的な政府を創設した。その政府には正真正銘の官僚が生まれた。この政府が灌漑都市を灌漑帝国へと発展させた。

さらに基本的なこととして、灌漑都市は、はじめて人を市民として捉えた。部族や氏族にとらわれず、出身のまったく異なる人々を一つのコミュニティに融合しなければならなかった。そのため部族を超える神、すなわち都市の神が必要になった。客観的、原則的、体系的な法を発達させることも必要になった。刑法であれ民法であれ、ほぼすべての法律上のコンセプトが灌漑都市にさかのぼる。ハムラビ法典は、四〇〇〇年前に制定されたにもかかわらず、今日の高度産業社会の問題の多くに適用することができる。

灌漑都市は、はじめて常備軍を編成した。というよりも編成せざるをえなかった。農民は無防備であって抵抗力がなく、移動できなかった。灌漑文明はその技術によって、人類史上はじめて余剰なるものを生み出した。したがって、灌漑都市は城郭の外の蛮人や遊牧民にとって魅力ある標的だった。そして、この常備軍とともに、戦闘技術と戦闘装置、すなわち軍馬と戦車、槍と楯、甲冑と弩砲が生まれた。

第二に、灌漑都市は社会的な階層を生んだ。灌漑都市は食料を継続的に生産する者として農民を必要とした。その農民を守るために兵士を必要とした。聖職者階級に端を発し、知識を有する統治階級を必要とした。こうして一九世紀の終わりにいたるまで、農民、騎士、聖職者の三つの階層が社会の基本とされた。同時に、灌漑都市では労働の分化が生じ、その結果として陶芸師、機織り師、金属細工師などの職人、あるいは書記、法律家、医師などの専門職が生まれた。

灌漑都市は余剰を生んだがゆえに、はじめて恒常的な市をもつことになった。この市は商人のみならず貨幣、信用、法律を生み出した。特にその法律は灌漑都市の枠を越えて、異邦人すなわちはるか彼方からやって来る商人に保護と秩序と正義を与えた。さらには、国際関係と国際法が必要となった。事実、それら古代灌漑帝国における相互の交易の取り決めと、一九世紀の通商条約との間にさほどの違いはない。

第三に、灌漑都市は、はじめて知識なるものを生み、それを体系化し、制度化した。灌漑都市は、一つには、水を得るための土木構築物を建設し維持するうえで知識を必要としたがゆえに、また一つには、時間的、空間的に広がりのある複雑な商取引を管理することを必要としたがゆえに、記録を必要とし当然のこととして文字を必要とした。

灌漑都市は暦に依存し天文学を必要とした。海洋や砂漠を横断するための測量術を必要とした。こうして灌漑都市は、必要な情報を組織化し、それらを学び教える知識に加工しなければならなかった。その結果、灌漑都市は、最初の学校と最初の教師を生み出した。はじめて自然現象の体系的な観察を行なった。事実、はじめて自然を、人間とは異なる独自の合理的法則によって支配されるものとして捉えた。

第四に、灌漑都市は個人なるものを生み出した。都市の外にあっては、今日の未開社会のように部族だけが存在していた。個人は存在することも関心をもたれることもなかった。しかし灌漑都市では、個人の位置づけが一つの鍵となった。そこから正義のコンセプトが生まれた。われわれが今日知っている美術、文学、宗教が生まれた。

新技術が灌漑文明の諸制度を生み出した

これらはもちろん概略ですらない。私がいいたいことは、灌漑文明の誕生の根底にあった社会的イノベーションと政治的イノベーションの広さと深さである。灌漑都市はすでに、基本的にはわれわれが理解している意味でのモダンだった。その後今日まで、人類の歴史はそれらの基盤のうえに築かれてきた。

つまり人類の歴史とは、この七〇〇〇年の間、灌漑都市の社会制度と政治制度を、より広い地域、すなわち耕作に必要な水を供給できるすべての土地に拡大していく歴史だった。灌漑都市は、遊牧の部族社会にとっては例外的な存在、オアシスだった。しかし一九〇〇年には、遊牧民の部族社会のほうが例外的な存在となった。

灌漑文明は、まさしく技術革命のうえに築かれた。灌漑文明は技術的政治体制と称することさえできる。灌漑文明における諸々の制度は、すべて灌漑という新技術が提供した機会と挑戦への対応として生まれた。それらの制度はすべて、基本的には新技術の生産性を最大化するためのものだった。

技術史は歴史の縦糸

ここで若干の閑話休題をお許し願いたい。

灌漑文明の歴史は、いまだ書かれていない。しかし、わずか五〇年前には断片でしかなかった史料が、今日では驚くほど多くある。すでにシュメール文明などさまざまな灌漑文明について優れた論文が発表されている。

ところが、人類のこの偉業を再構築し、偉大な文明を物語るという大仕事には手がつけられていない。それは優れて技術史家の仕事である。少なくとも技術に関心をもち、技術を理解する歴史家の仕事である。そしてこの歴史の中心に据えるべきものは、人類初の偉大な技術革命がもたらした技術とその影響であり、機会と挑戦である。

灌漑文明によって生まれた社会、政治、文化の諸制度は、その大部分がその後七〇〇〇年以上にわたって人類の共有するところとなるものだった。いずれも、今日のわれわれにとっては馴染みのものである。しかし当時としては、まったく新しいもののはずだった。すべては新技術から生まれ、あるいは新技術が提起する問題を解決するための試みから生まれた。

われわれ技術史学会は、技術の歴史こそ、人類の歴史という織物の重要な縦糸であると考える。人類の歴史は、仕事と道具の歴史、すなわち技術の歴史との関連を無視して理解することはできない。すでに、われわれの同僚や友人、知られた名だけでもルイス・マンフォード、フェアフィールド・オズボーン、ジョセフ・ニーダム、R・J・フォーブス、シリル・スタンレー・スミス、リーン・ホワイトが、それぞれの著作において、技術が政治、経済、社会、文化の歴史に与えてきた影響を明らかにしている。

技術の変化は、常に生活のあり方と労働のあり方に影響を与えてきた。しかし、人類初の技術革命の時代、すなわち古代の灌漑文明が勃興した時代ほど、技術が文化と文明の形成に大きな影響を及ぼした時代はなかった。そしてようやく、今日になってはじめて、その灌漑文明の物語を語ることが可能になった。もはや語らずにおくことは許されない。われわれは書くべき材料としての史実を手にしている。今日われわれは、われわれ自身が技術革命のさ中に生きているがゆえに、あの歴史の黎明期に何が起こったかを理解できるはずである。

われわれにはなすべき大きな仕事がある。それはまず、歴史について学校で学ぶ伝統的な考え、すなわち意味ある歴史は古代ギリシャあるいは古代中国王朝から始まるとする考えは、あまりに近視眼的であって、古代文明の実像を歪曲するものであることを明らかにすることである。

灌漑文明の三つの教え

話が主題からそれたようである。冒頭で提起した主題は、われわれがそのさ中に生きている今日の技術革命が人類とその社会や政治に及ぼす影響を考えるうえで、人類最初の技術革命から何を学べるかということだった。

灌漑文明の歴史は、人類が常に技術上の成果によって規定され、束縛され、強制されることを示しているのだろうか。それとも、人類自身とその目的のために技術を利用することは可能であり、人類はみずからが考案した道具の主人となることが可能であることを示しているのだろうか。

この問題について灌漑文明は三つのことを教える。

第一に、明々白々なこととして、技術革命は、社会のイノベーションと政治のイノベーションを必要不可欠とする。それはそれまでの制度的な仕組みを陳腐化させ、コミュニティ、社会、政治のための新しい制度を要求する。このことに疑いの余地はない。技術革命は変化を強いる。

第二に、灌漑文明はもう一つの必然を教える。すべての灌漑文明を調べてみるならば、疑いの余地なく明らかなこととして、技術革命はそれぞれ一定の社会的イノベーションと政治的イノベーションをもたらす。

旧大陸の灌漑都市の基本的な制度が、文化の違いにもかかわらず驚くほどの類似性を示していることにはあまり意味がない。文明の起源がメソポタミアか中国かなどという危険な論争に立ち入るつもりはないが、どちらが起源であるにせよ、両者の間にはかなりの文化の伝播があったはずである。

メキシコ湖の周辺やユカタン半島のマヤに広がった新大陸の灌漑文明は文化的に完全に独立しており、時代的にも何千年も後のことであったにもかかわらず、政府、階層、常備軍などは旧大陸の文明にきわめて類似していた。このことは、技術革命がつくりだす状況への対応の種類は限られることを意味する。

言い換えるならば、古代の技術革命に学ぶべき教訓は、技術革命は歴史哲学にいう客観的現実をもたらすということである。その一例が、定住、すなわち放牧地や狩猟地から恒久的住地への定住だった。そして、その一事が部族を時代遅れとし、恒久的、非属人的かつ強力な統治機関の出現を必然とした。

しかし第三に、灌漑文明は、それらの新しい客観的現実が規定するものは、方程式におけるいくつかの変数のみであることを教える。すなわち、それはどこで何について新しい制度が必要になるかだけを規定する。それは何ものをも必然とはしない。新しい問題にいかに取り組むか、新しい制度の目的や価値観がいかにあるべきかは規定しない。

個の扱い

新大陸においては、灌漑文明は法と慣習を分けるにはいたらなかった。かなり進んだ交易をしていたにもかかわらず、通貨を発明しなかった。

灌漑文明が互いに学び合うことが可能だった旧大陸においてさえ、文明間には大きな違いがあった。旧大陸の灌漑文明はすべて同じ課題を抱え、その解決のために何らかの制度をつくりだしたにもかかわらず、それぞれの灌漑文明は同質というにはほど遠かった。何にもまして、人間とその宇宙における位置づけ、および社会についての見方、すなわちその目的や価値観について、それぞれが異なる答えを出していた。

これらすべての灌漑文明において、非属人的な官僚組織からなる政府が誕生した。政府なくして灌漑文明は機能しなかった。しかし、同じ中東においてさえかなり早いうちから、政府が人を搾取し抑圧するように機能する場合と、すべての人に正義をもたらし弱者を保護するように機能する場合があった。

中東ではもともと、政府にとって倫理性が重要な意味をもっていた。これに対し、エジプトはそのようなものとは無縁であり、政府の目的が問われることはなかった。さらに中国においては、政府が追求すべき課題は正義ではなく調和だった。

法学者や行政官の彫像、肖像画、記述に見られるように、個のコンセプトがはじめて生まれたのはエジプトだった。彼らは個の独自性を認識し、個の至上性を当然とした。古代エジプトは大ピラミッドを建造した建築家の名を記録した。これに対し中国古代の建築家はもとより、アッシリアやバビロンの宮殿を建てた建築家は自分の名を残さなかった。しかしそのエジプトでも、おそらくはイクナトンの異端に対する反動として、やがて個人は忘れられた。その後の古代中期王朝や新王朝には、もはや個人の名はない。

その後、他の地域では、個について基本的にまったく異なる二つの考えが生まれた。一つはメソポタミア、道教、ユダヤの予言者、ギリシャの戯曲に見られた個人主義的アプローチだった。そこでは、一人ひとりの人間の能力を限りなく伸ばすことが求められた。もう一つは理性主義的アプローチと呼ぶべきものであって、特に孔子が教え、範を示したものだった。そこでは、完全性についての理念に従い、一人ひとりの人間を理想像に近づけることが求められた。いうまでもなく、これら二つの考えは、今日なおわれわれの教育観に深く浸透している。

武力、階級、世界観

軍隊を例にとるならば、灌漑文明にとって組織的防衛は不可欠だった。だが具体的な方法は三つあった。一つは農民という生産階級によって支えられる独立した職業軍、一つは農民自身が徴兵される市民軍、一つは傭兵軍だった。

いずれの文明においても、これら三つの方法のそれぞれが、現実の政治においていかなる意味をもつのかはじめから認識されていたにちがいない。地方に散在していた弱小の族長たちを倒して統一されたエジプトにおいて、職業軍人階級が育たなかったことは偶然ではなかった。

階級制度でさえ、共通に存在はしていたが、内容は大きく異なっていた。同一の文明であっても、内容は時代によって大きく異なった。ある文明では、階級制度が階級の世襲化と社会の固定化をもたらしたが、ある文明では、才能と野心ある者に機会を与え、高度の流動性をもたらすべく工夫された。

科学はどうか。古代文明のなかで、中国ほど科学的な観察が質量ともに優れている文明はなかった。しかし古代中国は、われわれが科学と呼びうるいかなるものも志向しなかった。中国人は観察結果の普遍化をためらった。これに対し、いささかなりとも体系的な科学への道をたどることになったものが、中東における知識の普遍化への試みであり、エジプトに見られた数学の発展だった。

正確な観察力という卓越した能力をもっていた中国は、自然について膨大な情報を蓄積した。だが、彼らの世界観がその影響を受けることはなかった。やがてヨーロッパ文明の母体となった中東における展開とは対照的だった。

技術革命の教訓

これらをまとめるならば、人類初の技術革命の歴史は三つの教えを与える。

第一に、技術革命は、社会的イノベーションと政治的イノベーションに対する客観的ニーズをもたらす。すなわち、いかなる分野において古い制度が陳腐化し、新しい制度が必要になっているかを明確にする必要をもたらす。

第二に、新しい制度は新しいニーズに合致したものでなければならない。技術革命への対応には、社会的、政治的に正しいものと間違ったものがある。社会や政府が技術革命の恩恵を受けられるのは正しい対応の範囲内においてのみである。

第三に、それらの制度が実現すべき価値、それらの制度が仕えるべき目的、それらの目的の優先順位はかなりのところ自由にすることができる。社会の構造は社会が実現すべき課題によって規定されるにしても、社会の特性をつくりだすのは人間自身である。それは、「何を」ではなく「いかに」にかかわる問題である。

七〇〇〇年後の課題

われわれは今日、実に七〇〇〇年ぶりに、遠い祖先が灌漑文明の時代に経験したものと同じ状況にある。革命をもたらすものは、技術の変化の速度だけでなく技術の変化の範囲である。ちょうど七〇〇〇年前と同じように、今日、広範な範囲にわたる技術の発展のすべてが一体となって、まったく新しい人間環境をつくりだそうとしている。そのようなことは、古代の技術革命と、二〇〇年前に始まり今日進行中の技術革命との間にはなかったことである。

したがって、われわれは今日、社会的イノベーションと政治的イノベーションが必要とされる領域を明らかにするという重大な課題に直面している。われわれは新しい課題のための新しい制度、つまり技術革命がもたらしつつある新しいニーズと新しい能力にふさわしい新しい制度を構築しなければならない。そしてそれら新しい制度によって、われわれの信ずる価値観を具体化させ、われわれが正しいと考える目的を追求し、人間の自由、尊厳、目的に奉仕させなければならない。

もし古代の技術革命が起こったあの時代に教育を受けた人たち、たとえば教育ある古代シュメール人や古代中国人が今日のわれわれを見るならば、当然われわれのもつ技術に唖然とするにちがいない。しかし、われわれの社会制度や政治制度に対しては親近感を抱くだろう。なぜならば、われわれの制度は、彼らや彼らの同時代人が最初につくった制度と基本的に大差ないからである。

彼らは、技術による天国を予言する人たちや、逆に疎外や失業など技術による地獄を予言する人たちに対しては、苦笑しつつも「お役に立てそうだ」とつぶやくだろう。しかし、われわれ多少なりとも技術にかかわりをもつ者に対しては、「私たちの時代やあなたたちの時代のような本当の技術革命の時代は、浮かれているときではないし、落ち込んでいるときでもない。責任をもって仕事をするときだ」というにちがいない。

3章　近代を生み出したものは何か

この二〇〇〇年の人間社会の爆発的な変化は何によってもたらされたか、との問いに対する通常の答えは、科学の進歩である。本稿はこれに異を唱える。正しい答えは、技術の体系化である。

技術が科学を娶《めと》った

一七五〇年から一八五〇年までの一〇〇年間に、農学、工学、医学という三つの大技術が、技能の体系化のプロセスを経て、瞬時に農業革命、産業革命、医学革命をもたらした。

それらのプロセスは、当時の科学が生み出した新しい知識に負うところはほとんどなかった。当時はすべての体系において、経験則による実践が科学の先を行っていた。技術が科学を引っ張っていた。たとえば、ジェイムズ・ワットの蒸気機関の運動について科学的な説明が行なわれたのは、七五年も後のクラウジウスとケルヴィンによってだった。

科学が技術に対し何らかの影響を与えることができるようになったのは、技術の世界において技能の体系化が完了したはるか後だった。しかし、技術はその体系化のすぐ後、科学に対し直ちに影響を与えるようになった。しかも、技術が科学にもたらした変化は、科学そのものの意味を変えた。そのとき、科学は哲学から社会的機能へと変わった。

科学の科学自身による定義である「知識の体系的探求」は変わらなかった。しかし知識の意味は、頭脳に焦点を合わせた理解から、応用に焦点を合わせた利用に変わった。科学は、それまでの形而上の問題を提起するものから、社会的、政治的な問題を提起するものへと変わった。

技術が科学に対し圧倒的な力をもつようになったとまではいえない。しかし、共に住むべき家を建て、結婚許可証を手に入れ、あまりその気のない科学と式をあげたのは技術のほうだった。新家庭の性格を決めたものも技術だった。技術が科学を娶ったのであって、両者の結婚は対等ではなかった。

事実の示すところによれば、この変化をもたらしたものが技術についての新しいコンセプトだった。すなわち、みずからのダイナミクスによって起こった技術革命だった。

新知識が生んだ眼鏡の発明

あらゆる技術のなかで、医学だけは昔から体系的に教えられていた。医学は、今日の医科大学から一〇〇〇年前のカリフの医学校にまで直にさかのぼる。さらにその道は、若干の切れ目はあっても、アレキサンドリアの医学校を経て、ヒポクラテスまで一四〇〇年をさかのぼる。医学校は昔から理論的な知識と臨床の実践を教えた。すなわち、科学と技術の双方にかかわってきた。そして西洋では、医者だけが他の分野の技術者と異なり、社会的な敬意と地位を保ってきた。

しかしこの医学の分野においてさえ、一八五〇年ごろまでは、科学知識と臨床の実践との間に体系的な関係、あるいは意味ある関係はなかった。西洋の中世における医学への貢献は眼鏡の発明だけだった。それはロジャー・ベーコンの光学実験にもとづく新知識によるものだった。しかし、器具による視力矯正は不可能とする古代ギリシャのガレノスの視力理論が、一七〇〇年にいたってなお医学校では教えられていた。

科学と技術は無関係のものだった

ベーコンから四〇〇年後のガリレオ・ガリレイの時代に、医学はもう一つ大きな飛躍を遂げた。それは、ウィリアム・ハーベイによる血液循環の発見という古代以来最大の科学知識だった。さらにその一〇〇年後、イギリスでエドワード・ジェンナーの種痘が最初の病気予防として登場した。

ハーベイによる血液循環の発見は放血にかかわるあらゆる仮説を否定した。この発見は一七〇〇年にはあらゆる医学校で教えられ、あらゆる医学書に記載された。しかしその後一〇〇年にわたって、放血は万能の処方とされつづけた。実に一八五〇年にいたってなお行なわれていた。しかも放血を最終的に葬ったものは、二〇〇年前に知られた科学知識ではなく、臨床観察だった。

ジェンナーの偉業も、はじめから技術そのものであって、科学上の根拠をもつものではなかった。それはおそらく臨床観察における最大の偉業だった。だが、なかなか普及しなかった。結局のところ、それは病原菌を体に植えつけるという恐ろしいものだった。

しかし、重要でありながらあまり気がつかれていなかったことは、ジェンナーの種痘が、一〇〇年後のルイ・パストゥールにいたるまでの生物学的、医学的理論に反していたことだった。そもそも種痘を説明したり、免疫を研究しようとする者が一人も現われなかったことが不可思議だった。しかも一世紀にわたって、種痘を行なう同じ医者が、種痘を無効とする理論を教えていたということはどう説明すべきか。

唯一可能な説明は、科学と技術は無関係のものとされていたということである。今日のわれわれからすれば、科学が技術に転化し、あるいはその逆が起きることは当然の前提である。しかしそのような前提は、科学と技術の歴史についてのあらゆる議論を無理なものにしている。この前提は無効である。

しかも科学と技術の間に関係があったとする前提は、関係がなかったとする前提と同じように証明されていない。理論と実践のあいだに一貫性があることを前提としているのは、われわれの時代であって、あの時代ではない。

技術革命

科学と技術の基本的な違いは、内容ではなく焦点にあった。科学は哲学の一分野であり、理解にかかわることだった。目的は知識の完成にあった。したがって、それを利用することは、プラトンの有名な主張にあるように、科学の乱用であり、科学の墜落だった。これに対し、技術は利用に焦点を合わせていた。目的は人間の能力向上にあった。

科学は最も普遍的なものを対象とし、技術は最も具体的なものを対象とした。科学と技術の間にいかなる類似があったとしても、それは偶然にすぎなかった。

人類の歴史において、ものの見方や世界観が大きく変化した明確な日付を特定するのはむずかしい。技術革命も例外ではなかった。しかしあの技術革命は、一七二〇年から七〇年までの五〇年間のどこか、つまりアイザック・ニュートンとベンジャミン・フランクリンの間の五〇年間のどこかで始まった。

一葉の草しか育たなかったところに二葉の草を育てる者こそ、人類の福祉に真に貢献するものであるとするジョナサン・スウィフトの有名な人間礼賛が、実は科学者への礼賛ではないことを知る者は少ない。それどころか、彼の言葉は科学者、特に権威ある大英帝国学士院への辛辣な一撃だった。それは、理解のための自然探求というニュートン科学の傲慢な不毛に対立する、技術の健全さと恩恵に対する礼賛だった。

科学と技術を無関係とするスウィフトの前提は、明らかに一八世紀初頭の一般の考えだった。一七二〇年のサウス・シー・バブル事件では、理論的に不可能なことが明らかな技術プロジェクトに対し、一人の科学者も異を唱えなかった。それどころか、ニュートンをはじめ多くの科学者が、このプロジェクトに私財を投じた。ニュートン自身、王室造幣局長官として事業の進め方は改革したが、技術面については少しも気にかけなかった。

技術に何が起こったか

しかし、その五〇年後の一七七〇年には、卓越した哲学者であり、西洋科学の巨人であるベンジャミン・フランクリン博士がいた。彼は科学者として一流だったが、その名声はテクノロジスト、すなわちフランクリン・ストーブや複焦点レンズの発明家としての業績によるものだった。彼の科学的な業績、たとえば空中放電の解明は直ちに避雷針となった。メキシコ湾流の発見をはじめとする海洋学上の貢献は、直ちに大西洋横断郵便のスピードアップをもたらした。しかも科学者たちが大衆とともにフランクリンを熱狂的に賞賛した。

一七二〇年から七〇年までの五〇年間のどこかで、すなわち科学史上さしたる特徴のないこの期間に、技術に対する姿勢は、科学者であると一般人であるとにかかわらず大きく変わった。

その一つの表われが、イギリスにおける特許に対する考え方の変化だった。サウス・シー・バブル事件の時代には、特許は独占として攻撃されていた。それは発明ではなく政治的なコネによって与えられていた。しかし、ワットが特許を得た一七六九年には、特許は技術の進歩を促し報いるための手段として一般に認められていた。

われわれは産業革命の黎明期や農業革命を含むこの時代に、技術に何が起こったかを知っている。今日われわれが知っている技術、すなわち体系的な働きかけとしての技術がこの時代に生まれた。それは既存の知識を集めて体系化し、それらの知識を組織的に適用し、それを公にすることによって生まれた。この三つの段階のなかで、最後のものが最も斬新で、最も重要だった。それまで技能は奥儀以外の何ものでもないとされていた。

そのような技術の出現は、直接的な成果として技術そのものの急速な進歩をもたらしただけでなく、学ぶことのできる体系的原理としての技術を確立させた。さらには、技術という新しい体系を育てる方向に科学を向かわせた。

まず、はじめに農学と工学が変化した。互いに関係はなかったが、ともに大きく変化した。

農業革命

農業は、一七世紀はじめのジェスロ・タルとその馬引耕作機から始まり、トマス・コークによる大規模農業と品種改良を頂点とする発展のなかで、生業から産業へと発展した。

しかしそれら技術上の偉業も、アーサー・ヤングに代表される普及活動がなかったならば、影響は微々たるものにすぎなかったにちがいない。まさにそれらの普及活動によって、新技術の採用と一層の発展が確実となった。

こうして農業は労働力の半減と生産量の倍増を同時に実現した。その結果、農村から都市への労働力の大量移動が可能となり、産業革命が可能となった。

一七八〇年ごろ、イギリスの農業の発展ぶりに心酔したドイツのアルブレヒト・テールが、最初の農業大学、すなわち農耕ではなく農業のための大学を設立した。その結果、早くもテールの存命中に、肥料に関するユストゥス・フォン・リービッヒの業績から新知識が生まれ、科学に基盤をおく最初の産業として肥料産業が生まれた。

産業革命

機械的な技能の技術への転換も、農業とほぼ同時期に、ほぼ同じプロセスをたどって行なわれた。完全な時計をつくった者に二万ポンドを与えるという有名な懸賞が出された一七一四年から、イーライ・ホイットニーの部品標準化までの一〇〇年は、機械の発明、すなわち工作機械、原動機、産業組織の発明の時代だった。

一七四七年には、まだ体系的なものとはいえなかったが、技術の訓練がエコール・デ・ポン・ゼ・ショセ（国立土木学校）の創立から始まった。一七五一年には、技術のはじめての体系的な集大成とその公表が、ドゥニ・ディドゥロの『百科全書』第一巻から始まった。

アメリカの独立宣言、アダム・スミスの『国富論』、ウィリアム・ブラックストン卿の『イギリス法注解』、ジェイムズ・ワットの実用蒸気機関の発明があった一七七六年という奇跡の年には、ドイツのザクセン州フライベルグ市に最初の近代技術大学としてベルグ・アカデミー（鉱山大学）が設立された。この大学が設立された理由の一つが、大深度炭坑におけるトマス・ニューカメンの蒸気機関の使用の増加による現場監督の技術訓練のニーズの高まりだった。

一七九四年には、パリにエコール・ポリテクニーク（工科大学校）が設立され、技術の専門性が確立された。

そして一世代も経たないうちに、ふたたび科学の方向づけに大きな変化が起こった。科学であるとともに技術でもある有機化学と電気学が、それぞれの歴史を歩きはじめた。ユストゥス・フォン・リービッヒ、フリードリッヒ・ヴェーラー、マイケル・ファラデイ、ジョセフ・ヘンリー、ジェイムズ・C・マクスウェルは、その研究成果が直ちに他の優れた発明家、設計者、工業家によって応用されることになった大科学者だった。

医学革命

しかし主な技術のなかで、医学だけは一八世紀にそのような転換を遂げるにいたらなかった。その試みはあった。ハプスブルグ家の顧問として政治力をふるっていたオランダ人の偉大な医師ジェラード・ファン・スウィーテンは、その師ヘルマン・ブールハーフェが一七〇〇年ごろにライデンでまとめた臨床医学と、病気を体液ではなく器官の問題としてはじめて扱った『病理解剖学』（一七六一年）の著者ジョバンニ・モルガーニらの科学的知見を結びつけようとした。

しかし、ここでわれわれが教訓として忘れてはならないことが起こった。それは、医学あるいは当時医学と呼ばれていたものがすでに敬意を払われる存在となっており、一つの学問分野として体系化されていたために、逆にファン・スウィーテンの試みを退けてしまったことだった。ウィーンは、ファン・スウィーテンとその後援者ヨーゼフ二世が他界するや、ふたたびスコラ主義へと後退した。

医学に真の変化が起こったのは、フランス革命がすべての医学校と医学会を廃止した後のことだった。ふたたび宮廷医師の一人、ナポレオンの侍医だったジャン＝ニコラ・コルヴィザール・デ・マレが、ファン・スウィーテンのなしえなかったことをパリにおいて実現した。

しかし当時でさえ、依然として科学的アプローチに対する反対勢力は強かった。たとえば一八四〇年ごろ、おそるべき死亡率に達していた産褥熱の原因が伝統的な医療方法にあることを発見したイグナス・ゼンメルワイスは、ウィーンを追放され流浪の身となった。医学が真の技術として一つの体系となったのは、一八五〇年、パリ、ウィーン、ヴェルツブルグに近代的な医学校が設立された後のことだった。

しかもその変化さえ、科学の力を借りずに起こったものだった。当時体系的にまとめられた知識は実際の治療において得られたものが中心だった。だが、ひとたび方向づけが変わるや、偉大な医学者が続々と現われた。クロード・ベルナール、パストゥール、ジョセフ・リスター、ロベルト・コッホだった。彼らのすべてが知識の応用に集中し、何かを知る意欲よりも何かを行なう意欲に突き動かされていた。

技術革命の影響

われわれは、技術革命の結果とその影響を知っている。過去二〇〇年間における食糧の供給量が、トマス・マルサスの主張に反し、爆発する人口を凌ぐ勢いで増大したことを知っている。

われわれはまた、つい一五〇年前までは平均寿命が依然として自然寿命にほぼ等しかったこと、すなわち種の再生産に必要とされる二五歳程度だったことを知っている。豊かな地域では、今日、平均寿命はほぼその三倍になっている。そしてわれわれは、われわれの生活が技術の可能性と危険性によって大きく変わったことを知っている。

われわれの多くは、技術革命がまったく前例のないものをもたらしたこと、すなわち世界共通の文明をもたらしたことも知っている。しかしこの共通の文明なるものは、今日世界各地において、高度に発達し、深く愛されている由緒ある伝統、文化、価値観を浸食し解体しつつある。

この技術革命の根底には、知識の意味と性格の変化、ならびに知識に対する姿勢の変化があった。非西洋世界が西洋科学から欲していたものも理解のための科学ではなかった。技術とその果実のための科学だった。手段であって理解ではなかった。その典型が、一八六七年の明治維新から一八九四年の日清戦争までの間における日本だった。

技術革命は技術に対し、かつての技能にはなかった力、すなわち人間の精神に対する影響力を与えた。かつての技能は、いかに生き死ぬか、いかに働き、遊び、食べ、戦うかにしか関係がなかった。何をいかに考えるか、世界と自分をいかに見るか、あるいは信条や価値観といったものは、どこか別のところ、すなわち宗教、哲学、芸術、科学の問題だった。技術的な手段によって、これらの領域に影響を及ぼすなどということは魔術とされた。馬鹿げたことというよりも邪悪なことだった。

技術革命のダイナミクス

しかし今日、その良し悪しはともかく、技術革命の力によって応用と認識、物質と精神、手段と目的、管理と知識が一体化した。

技術革命について知られていないことは一つしかない。だが、それはきわめて基本的な問題である。何がわれわれの姿勢、信念、価値観に根本的な変化をもたらし、技術革命を解き放つことになったのか。

すでに述べたように、科学はほとんど関係していない。それでは、技術革命の一世紀前に科学革命をもたらした世界観の変化は、技術革命にいかなる関係があるのか。あるいは、その後勃興した資本主義は技術革命にいかなる役割を演じたのか。産業と通商に重商主義を掲げ、機関と書式に固執する中央集権国家の興隆はいかなる役割を演じたのか。

それともわれわれは、技術そのもののプロセスに内在するダイナミクスを問題にしなければならないのか。あるとき、突如として事態を逆転させ、自然による人類の支配を人類による自然の支配に変えるところまで増殖してきた技術の進歩そのものが原因だったのか。

まさにこの問題こそ、一般史家にとっても、技術史家にとっても中心的な問題のはずである。一般史家にとって、技術革命は知識、政治、文化、経済のいずれの分野においても重大な転換点だった。これら四つの分野において、体制、権力、宗教による世界制覇の試みはすべて失敗した。それらの試みは、新たな帝国主義、すなわち技術帝国主義に取って代わられた。この技術帝国主義が一〇〇年足らずでいたるところに浸透し、一九〇〇年にはその象徴である蒸気機関がダライ・ラマの宮殿にまで入り込んだ。

技術史家にとっても、技術革命の意味は、それぞれの専門分野における変化にとどまらない。技術革命において、技術なる一つの新しい体系が生まれた。技術革命が起こる前までは、個々の技能、道具、製品、工夫についての、興奮させられるが緩慢な歴史があるだけだった。そして、あるとき突然、技術の急激な進歩と伝播が始まった。

しかし、それらの変化のすべてを技術革命として見、同じ種類のものとして見ることができるのは、後から見ることのできる歴史家だけである。当時の人たちにしてみれば、それらの変化のすべてが別個のものであり、それぞれ別の領域、応用、日常に属するものだった。

技術は行動と知識を結びつける

だが、いまだ一般史家と技術史家はこの突然の技術革命に関心を寄せていない。一般史家は、たとえ技術革命に注目しても、技術を科学の私生児としたままである。

技能と道具についての唯一の博識家ヘロドトスを除くならば、技術とその影響に時間と関心を注いだ一流の一般史家は、私の知るかぎり、フランツ・シュナーベルただ一人である。彼が歴史を教えたのがカールスルーエ工科大学だったこと自体、技術に対する彼の深い関心を示していた。

他方、技術史家は、ほとんど常に材料、道具、技能の歴史家であって、技術そのものの歴史家ではなかった。まれに例外があったとしても、技術が社会や文化に与える影響に関心をもつルイス・マンフォードやロジャー・バーリンゲイムのように技術畑ではない技術史家だった。

しかし、まさに今日こそ技術は重要な意味をもつにいたっている。技術は行動の世界と知識の世界を結びつけるもの、人類の歴史とその知識の歴史を結びつけるべきものとなっている。したがって、かつては端に散らばっていた技術が、いかにして中心に位置づけられるようになったかという問題こそ、今日研究し、解明し、報告しなければならないことである。

4章　ＩＴ革命は産業革命になれるか

ＩＴ（情報技術）革命は始まったばかりである。問題は情報そのものの影響ではない。人工頭脳の影響でもない。意思決定や政策や戦略に対するコンピュータの影響でもない。ついこの間まで、予測するどころか話題にもなっていなかったｅコマースの影響である。製品やサービスの取引にとどまらず、知識労働者の求人求職にさえ使われるようになった、大流通チャネルとしてのインターネットが与える影響である。

新技術が新産業を生む

ｅコマースは、経済と市場と産業構造を根底から変える。製品、サービス、流通、消費者、消費行動、労働市場を変える。さらには、われわれの社会、政治、世界観、そしてわれわれ自身に影響を与える。これらの変化に続き、いくつかの予想もつかない新産業が出現する。すでにバイオテクノロジーが現われた。水産の養殖が現われた。一万年前に陸上で起こったように、いよいよ海洋において狩猟と採集の時代から農耕と牧畜の時代に入る。

他にも新技術が新産業を生む。それが何であるかはわからない。だが、新技術、新産業が現われることは確実である。そのうえ、それらの新産業のなかで、コンピュータやＩＴと直接かかわりをもつものが少ないであろうこともほぼ確実である。それらは、バイオや養殖のように予想外の技術から生まれることになる。

これは予測にすぎない。だが一四五五年のグーテンベルクの印刷革命以降、今日までの五〇〇年間において、他の技術主導の革命がたどった道から容易に推定されることである。さらには、一八世紀後半から一九世紀前半にかけての産業革命がたどった道からも予測されることである。すでに、このたびのＩＴ革命の最初の五〇年が示しているとおりである。

産業革命がもたらしたもの

今日ＩＴ革命は、産業革命における一八二〇年代の様相を呈している。それは、ジェイムズ・ワットの蒸気機関が、はじめて産業用として綿紡績に使われた一七八五年から約四〇年後のことである。産業革命における蒸気機関の位置づけは、ＩＴ革命におけるコンピュータに相当する。いずれも革命の導火線であり象徴だった。

誰もが、今日のＩＴ革命ほど進行が速く、大きな影響を与えたものはないと思っている。しかし実際には、かつての産業革命もほとんど同じスピードで進行し、同じ規模の影響を与えた。それは、一八世紀から一九世紀にかけて最も重要な工業製品であった綿繊維の生産をはじめとして、製造プロセスのほとんどを機械化した。

ムーアの法則によれば、ＩＴ革命の基本財であるマイクロチップは一年半で半値になっていく。産業革命で生産が機械化された製品にも同じことが起こった。

綿繊維の価格は、一八世紀はじめからの五〇年間で九〇パーセント安くなった。その間、綿繊維の生産量はイギリスだけで一五〇倍に増えた。それほど目立たなかったが、紙、ガラス、革、レンガの生産も機械化された。その影響は消費財だけにとどまらなかった。鉄鋼や鉄鋼製品の生産も蒸気機関によって機械化され、コストと価格を下げ、生産量を伸ばした。ナポレオン戦争が終わる頃には、銃器の生産にも蒸気機関が使われた。生産のスピードは二〇倍となり、コストは三分の一に下がった。アメリカではホイットニーのマスケット銃の生産が、最初の大量生産産業として機械化された。

わずか四〇～五〇年の間に労働者階級が生まれた。一八二〇年代には統計的にはたいした存在ではなかったが、社会心理的には大きな存在となった。やがて政治的にも侮れない存在となった。さしたる工場がまだなかった一七九一年に、アレキサンダー・ハミルトンが、『製造に関する報告』において来るべき工業化を予測した。その一〇年少々後の一八〇三年、ジャン＝バティスト・セイが、産業革命が起業家を生み出し、経済の変革をもたらすことを指摘した。

産業革命が社会に与えた影響は、労働者階級の出現による影響をはるかに越えていた。歴史家ポール・ジョンソンの『アメリカ人の歴史』（一九九七年）によれば、奴隷制の復活をもたらしたものは蒸気機関を手にした繊維産業だった。建国の父たちによって事実上自然死したと見られていた奴隷制が、綿繰り機による低コスト労働への爆発的な需要の増加によって復活した。その後数十年にわたって、奴隷の繁殖が最も高収益の産業となった。

産業革命は家族にも大きな影響を与えた。それまでは家族が生産単位だった。農家の畑や職人の作業場では、夫、妻、子供が働いていた。ところが、工場は人類史上はじめて、働く者と仕事を家から引き離し、職場へと移した。家には工場労働者の妻が残された。産業革命初期の頃には、年少者が親から引き離された。

家族の崩壊は第二次大戦後の問題ではなかった。すでに産業革命時に起こっていた。それは産業革命に反対する人々の懸念どおりに進行した。労働と家族の分離が及ぼした影響の大きさは、チャールズ・ディケンズの小説『ハードタイムズ』（一八五四年）に見ることができた。

ところが、これだけ大きな影響を与えた産業革命が、実際に最初の五〇年間にしたことは、産業革命前から存在していた製品の生産の機械化だけだった。たしかにそれは生産量を大幅に増やし、生産コストを下げた。大衆消費者と大衆消費財を生み出した。だが製品そのものは産業革命前から存在し、以前のものよりも品質のばらつきがなくなり、欠陥が少なくなっただけだった。

この五〇年間に現われた新製品は、一八〇七年にロバート・フルトンがつくった蒸気船だけだった。だが、蒸気船は三〇年から四〇年というもの、世の中にさしたる影響は与えなかった。実際、一九世紀も終わり近くになるまで、世界の海上輸送の主役は蒸気船ではなく帆船だった。

鉄道が世界を一変させた

そして一八二九年、まったくの新産業として鉄道が現われ、世界の経済、社会、そして政治を一変させた。

今から考えるならば、鉄道の発明がなぜあれほど遅れたかが不思議である。炭鉱ではかなり前からレールが使われていた。人や馬ではなく蒸気機関を使ったほうがよいのは明らかだったはずだ。ところが、鉄道が生まれたのは炭鉱ではなかった。炭鉱とは関係なかった。しかも貨物用でもなかった。鉄道は長い間、もっぱら人を運ぶためのものだった。物を運ぶようになったのは三〇年後アメリカにおいてだった。

一八七〇年から八〇年代にかけ、日本に雇われたイギリス人技師たちも、もっぱら人を運ぶためのものとして鉄道を設計した。日本の鉄道も人を運ぶためのものだった。

鉄道は実際にそれが発明されるまでは、そのようなものがありうることさえ気づかれなかった。ところがいざ発明されると、五年後には史上最大のブームが始まった。ヨーロッパでは不況によって終息する一八五〇年代まで三〇年続き、今日のおもな鉄道のほとんどが建設された。アメリカではさらに三〇年続き、アルゼンチン、ブラジル、ロシアのアジア部、中国では第一次大戦まで続いた。

この鉄道こそ産業革命を真の革命にしたものだった。鉄道は心理的な地理を変え、経済を変えた。人類ははじめて本当の移動能力を得た。はじめて普通の人の世界が広がった。しかも、その結果生じた世界観の変化さえ、直ちに広く認識された。その変化は、ジョージ・エリオットの小説『ミドルマーチ』（一八七一年）に描かれた。

フランスの歴史家フェルナン・ブローデルの『フランスのアイデンティティ』（一九八六年）によれば、フランスを一つの国、一つの文化にしたものが鉄道だった。それまでフランスは、政治的には統一されていたが、実質的には自己完結した地域の集合体にすぎなかった。そして、アメリカの西部開拓が鉄道によるものだったことは、もはや常識である。

プロセスのルーティン化

二世紀前の産業革命初期の頃と同じように、一九四〇年代半ばにコンピュータの出現とともに始まったＩＴ革命は、今日までのところ、ＩＴ革命前から存在していたもののプロセスを高速化したにすぎない。実体上はいささかの変化ももたらしていない。四〇年前に予測された変化は一つとして起こらなかった。たとえば意思決定の仕方は変わらなかった。ＩＴ革命が行なったことは、今日のところ、昔からあった諸々のプロセスをルーティン化したにすぎない。

ピアノの調律にかかる時間は三時間から二〇分になった。給与計算、在庫管理、配送管理、その他日常業務のためのソフトが開発された。病院や刑務所の配管図の製作には、それまで二五人で五〇日かけていたものが、現在では一人の人間が二日でできるようになった。一般の人に税の還付申請を教えるソフトや、研修医に胆のう摘出手術を教えるソフトがつくられた。証券会社に出かけて時間をかけて行なっていたことが自宅で行なえるようになった。しかし、プロセスそのものは変わっていない。ルーティン化され、時間の節約とコストの削減があっただけである。

ＩＴ革命においてコンピュータが与えた社会的な影響は、産業革命において蒸気機関が与えた影響と同じように大きい。その最大のものが子供の勉強の仕方である。四歳でパソコンをいじりだした子供はすぐに大人を追い越す。彼らにとっては、パソコンはおもちゃであると同時に学習ツールである。今から五〇年もすれば、二〇世紀末のアメリカには教育危機などなかったことになっているかもしれない。

実は、活字と印刷機の発明によって起こった印刷革命の二〇〇年後、一七世紀の大学においても同じことが起こった。しかし仕事の仕方については、ＩＴ革命は今日のところ、既存のものをルーティン化したにすぎない。

eコマースは産業革命の鉄道

ＩＴ革命におけるeコマースの位置づけは、産業革命における鉄道に相当する。まったく新しく、誰も予想できなかった発明である。一七〇年前の鉄道と同じように、それはまったく新しいブームを呼びつつある。やがて経済と社会と政治を一変させる。

一例を紹介する。一九二〇年代に創業し、現在創業者の孫が経営するアメリカ中西部のある中堅食器メーカーは、一〇〇マイル圏内のファストフード店、学校、病院の食堂に六〇パーセントのシェアをもっていた。重く壊れやすい食器は地域独占性が強かった。ところが、この会社のシェアがあっという間に半減した。ある病院の食堂に勤める誰かが、ネットサーフィン中に安くて質のよいヨーロッパ製品を発見したのだった。数カ月後には、おもな大口顧客が次々に乗り換えていった。ヨーロッパ製であることを気にする者など一人もいなかった。

産業革命において鉄道が生んだ心理的な地理によって人は距離を征服した。ＩＴ革命においてeコマースが生んだ心理的な地理によって距離は消えた。このことは、地場の小さな市場を相手にするだけの中小企業でさえ、グローバルな競争力を必要とするようになったことを意味する。競争はもはやローカルたりえず、事実上、境界は存在しない。あらゆる企業がグローバル化しなければならない。多国籍企業も、これまでと同じでは取り残される。旧来の多国籍企業は、たとえ世界中で生産し販売していても、それぞれの地ではローカルな存在にとどまっていた。しかしeコマースの時代にあっては、ローカルな存在はありえない。どこで生産し、どこで販売しいかに販売するかは、今は重要であっても、あと二〇年もすれば意味をもたなくなる。

だが、eコマースでの売買に何が適しているかは明らかではない。流通チャネルとはそういうものである。

流通チャネルの変化

地元の小さな食品店からスーパーへ、スーパーからチェーンへ、チェーンからウォルマートをはじめとするディスカウント・チェーンへという流通チャネルの発展にしても、それが与える影響の中身はなかなか明らかにならなかった。eコマースの与える影響もまた、今日のところ予測不能である。

ここにいくつかの例がある。二五年前には、二〇～三〇年もすれば情報は家庭のコンピュータ画面まで電送されるようになると予測された。それを画面で見る者もいれば、プリントアウトする者もいるだろうというのだった。こうして各国の新聞社が記事のオンライン化に取り組んだ。

もし二〇年前に、やがて今日のアマゾン・ドット・コムやバーンズアンドノーブル・ドット・コムのような企業が現われ、書籍の注文をインターネットで受け、書籍そのものを送り届けるようになるだろうと予測したならば一笑に付されたにちがいない。ところが、両社はまさにそのようなビジネスを世界中で展開している。私の著書『明日を支配するもの』のアメリカ版への最初の注文も、アマゾン・ドット・コムを通じてアルゼンチンからあった。

ここにもう一つ例がある。一〇年ほど前にビッグスリーの一つが、インターネットが自動車販売に与える影響を分析した。その結論によれば、中古車の顧客はインターネットを使い、新車の顧客は自分の目で確かめ試乗するだろうということだった。だが実際には、少なくとも今までのところ、中古車の多くは店頭で購入されている。一方、高級車以外の新車の半数はインターネットで購入されている。

自動車ディーラーの仕事は、顧客がすでにインターネットで購入を決めた新車を配送するだけである。これでは二〇世紀で最も収益率のよかった自動車ディーラーという小売業の先行きは、どうなるのだろうか。

経済全体が変わる

アメリカで最も急速に伸びているeコマースは、ついこの間までビジネスとは呼べなかった経営管理者や専門家の求人求職である。今日では、大企業の半数近くがインターネットで求人する一方、二五〇万人もの経営管理者や専門家がインターネットで求人のオファーを求めている。こうして、まったく新しい労働市場が生まれた。

これらのことは、eコマースの影響についてもう一つ重要なことを教える。新しい流通チャネルは顧客が誰かを変える。顧客がいかにして買うかだけでなく、顧客が何を買うかを変える。消費者行動を変え、貯蓄パターンを変え、産業構造を変える。ひと言でいえば経済全体を変える。これが今アメリカで起こりつつあり、他の先進国でも起こりはじめていることである。さらには、中国その他の新興国でも起こることである。

鉄道によって、産業革命は後戻りできないものになった。それまで革命だったものが既成の事実になった。鉄道が火をつけたブームは一〇〇年近く続いた。蒸気機関の技術は鉄道が終着駅ではなかった。一八八〇年代から九〇年代にかけて蒸気タービンが生まれ、一九二〇年代から三〇年代にかけて蒸気機関車の決定版が生まれた。しかし蒸気機関を中心におく技術は、やがて舞台の中心から身を引きはじめた。

舞台の中心には、鉄道の発明後に芽を出した新産業、しかも蒸気機関とは無縁の新産業が登場した。最初が一八三〇年代に現われた電報と写真であり、次が光学機器と農業機械だった。一八三〇年代の後半に始まった肥料産業は、直ちに農業を変えた。公衆衛生が普及し、伝染病の隔離、ワクチンの発明、下水道の発達と続いた。こうして歴史上はじめて、都市の住環境が農村よりも健康になった。麻酔が現われたのもこの頃だった。

これらの新技術、新産業に続いて、近代郵便、新聞、投資銀行、商業銀行などの新たな社会制度が現われた。それらはいずれも、蒸気機関どころか産業革命の技術を越えて先進国の産業と経済の様相を支配するにいたった。

グーテンベルクの印刷革命

これらのことは、近代をつくった技術革命の第一号である印刷革命のときにも起こった。一四五五年のグーテンベルクによる印刷機と活字の発明に続く五〇年間、ヨーロッパでは印刷革命が広がり、経済と社会を変えた。

だが最初の五〇年間に印刷されたものは、主としてそれまで修道士が筆写していた宗教書や古文書だった。その間に出版された七〇〇〇点の文献（版数にして三万五〇〇〇点）のうち、少なくとも六七〇〇点がそうだった。言い換えるならば、それらの文献が入手しやすく、かつ安価になったというにすぎなかった。

ところがグーテンベルクの発明から六〇年後、ルターのドイツ語聖書がおそるべき低価格で現われた。ルターの聖書によって、新しい印刷技術は社会そのものを変えはじめた。プロテスタントに道を開き、ヨーロッパの半分を席巻させ、二〇年後には残った半分でカトリックに改革を行なわせた。ルターは印刷という新しいメディアを使い、宗教を一人ひとりの人間と社会の拠り所として再生させた。こうして一五〇年に及ぶ宗教改革と宗教戦争の口火が切られた。

ルターが印刷によって宗教の再生を図ったまさにその頃、マキャヴェリが『君主論』（一五一三年）を書いた。それは、聖書や古代の著作からの引用がない一〇〇〇年ぶりの本だった。同書はルターの聖書と並ぶ一六世紀のもう一つのベストセラーとなり、最も悪名高く最も影響力のある書物となった。続いて世俗的な本が次々と出版された。文学、歴史、政治、科学、ついには経済の本まで出版された。

その後間もなく、純粋に世俗的な芸術様式としてイギリスに近代演劇が生まれた。新たな社会的機関としてイエズス会、スペインの常設軍、近代海軍、さらには国民国家も生まれた。言い換えるならば、印刷革命は三〇〇年後の産業革命がたどったと同じ道、今日のＩＴ革命がたどるにちがいない道をたどった。

相当数の新産業が生まれる

ＩＴ革命からいかなる新産業が生まれ、いかなる社会制度、社会機関が生まれるかはわからない。一五二〇年当時、やがて世俗的な本が出現することなど誰も予測しなかった。世俗的な演劇の出現も予測しなかった。一八二〇年代当時、電報や写真や公衆衛生の出現を予測した者はいなかった。

しかし、絶対とまではいかなくとも、かなりの確率をもって予測できることがある。それは今後二〇年間に相当数の新産業が生まれるであろうことである。しかもそれらの多くがＩＴ、コンピュータ、インターネット関連ではないであろうことである。このことは歴史の先例が示している。すでに現われつつある新産業に見るとおりである。バイオテクノロジーであり魚の養殖である。

二五年前、サーモンはご馳走だった。普通の食事は鳥肉か牛肉だった。しかし今日、サーモンは特別のものではない。普通の食事である。だが、多くのサーモンは養殖である。やがて他の魚もそうなり、その結果、魚の品種改良が行なわれるようになる。牛、羊、鶏の家畜化が、それぞれの品種改良につながったのと同じである。

しかし今日、やがて現われるべき新技術も、いまだ二五年前のバイオテクノロジーの段階にある。開発前夜である。

今まさに生まれようとしているサービス産業がある。すなわち為替変動のリスクに対する保険である。あらゆる企業が、グローバル経済の一部となり、火災や洪水などの物理的なリスクに対応すべく産業革命の初期に現われた今日の保険と同じように、為替リスクに対応すべき保険を求めている。必要な知識は揃っている。欠けているのは制度である。

今後二〇～三〇年の間に、コンピュータの出現から今日までに見られたものよりもはるかに大きな技術の変化、産業構造の変化、経済構造の変化、さらには社会構造の変化が見られるようになる。

テクノロジストの出現

鉄道の後に出現した当時の新産業は、技術的には蒸気機関にも産業革命にも負うところはほとんどなかった。産業革命の実子ではなく弟子だった。しかしそれらの新産業といえども、産業革命がもたらした意識の変化と生産技能が存在しなければ成立しえなかった。意識の変化とは、新製品や新サービスを受け入れるだけでなく、それを熱烈に歓迎するという時代の気風の醸成だった。

産業革命は、その後の新産業の成立を可能にした社会的な価値観を生み出した。そして何より、理論と技能を身につけたテクノロジストを生み出した。

一七九三年、蒸気機関とともに産業革命の柱となった綿繰り機を発明したイーライ・ホイットニーは経済的にも社会的にも報われなかったが、彼の一世代後の叩き上げのテクノロジストたちは名をあげた。社会的に認められ、経済的に報われた。最初が、電報を発明したサミュエル・モールスだった。もちろんトマス・エジソンも名をあげた。

ヨーロッパ大陸では、実業人は長いこと社会的に認められなかった。だがテクノロジストのほうは、一八三〇年か四〇年頃には尊敬すべきプロフェッショナルとして遇されていた。

一八五〇年代に、イギリスは産業国家としての優位を失いはじめ、最初にアメリカ、次にドイツに抜かれた。その原因は、経済や技術ではなく社会にあった。経済的には、特に金融の分野では、イギリスは第一次大戦まで大国の地位を守った。科学の分野でも一九世紀の間は地位を守った。近代化学産業による最初の製品である合成染料は、イギリスで発明された。蒸気タービンもイギリスで発明された。

しかしイギリスは、テクノロジストを社会的に高く評価しなかった。社会の指導層ジェントルマンとしなかった。一流の工業学校をインドにいくつかつくったが、本国にはつくらなかった。だが科学者には敬意をはらい、そのため一九世紀の間は物理学で世界をリードした。ジェイムズ・Ｃ・マクスウェル、マイケル・ファラデイ、アーネスト・ラザフォードが現われた。しかしテクノロジストは職工の座にとめおかれた。

イギリスは、未知のものを資金的に助けるベンチャーキャピタリストを育てることもなかった。バルザックの一八四〇年代の作品『人間喜劇』に出てくる、フランスの発明品であるベンチャーキャピタリストは、アメリカではJ・P・モーガンによって、ドイツと日本ではいくつかのユニバーサルバンクによって制度化された。しかしイギリスでは、商業取引に融資を行なうコマーシャルバンクは生まれ育ったが、産業活動に融資を行なう金融機関の誕生は、第二次大戦の直前、ドイツからの亡命者S・G・ウォーバーグとヘンリー・グルンフェルドがロンドンに起業家的な銀行を設立するまで待たなければならなかった。

知識労働者は金銭で動かない

二一世紀のイギリスにならないためには何が必要か。必要なのは、社会の価値観における劇的な変化である。これは、鉄道後の工業化社会においてリーダーシップを握るためには職工からテクノロジストへの劇的な転換が必要とされたのと同じである。

いわゆるIT革命とは、実際には知識革命である。諸々のプロセスのルーティン化を可能にしたものはハードではなかった。コンピュータは口火にすぎなかった。ソフトとは経験にもとづく仕事の再編である。知識の適用、特に体系的、論理的な分析による仕事の再編である。

鍵はエレクトロニクスではない。認知科学である。まさに出現しようとしている新しい経済と技術において、リーダーシップをとりつづけていくうえで鍵となるものは、知識のプロとしての知識労働者の社会的地位であり社会的認知である。もし万が一、彼らを昔ながらの従業員の地位におき、その処遇を変えなければ、テクノロジストを職工として扱ったかつてのイギリスの轍を踏むことになる。その帰趨も同じところとなる。

しかしながら、われわれは、資金こそ主たる資源であり、その提供者こそ主人であるとする昔からの考えに固執し、知識労働者に対しては、ボーナスやストックオプションによって旧来の従業員の地位に満足させようとしている。しかしそのようなことは、今日のインターネット関連会社のように株価が高騰している間しか通用しない。これから登場する新産業は、かつての新産業と同じ動きをするはずである。ゆっくりと、苦労しつつ、汗水流して進んでいくことになる。

綿繊維、鉄鋼、鉄道など産業革命初期の新産業は、一夜にしてバルザックのベンチャーキャピタリストや、ディケンズの鋳物工場主のような成り金を生み出すブーム産業となった。一八三〇年代以降の第二陣となった新産業も、やがて百万長者を生み出した。しかしそれら第二陣の新産業では、そこまでいくのに二〇年を要した。二〇年の苦労、失望、失敗があった。これからの新産業も同じ道をたどることになる。すでにバイオテクノロジーがそうである。

パートナーとして遇する

それらの新産業が頼りにすべき知識労働者を金銭で懐柔することは不可能である。もちろん、実りがあれば知識労働者は分け前を求めるだろう。しかし、実りには時間を要する。今日のような短期的な株主利益を最優先する経営では一〇年ともたない。それら知識を基盤とする新産業の成否は、どこまで知識労働者を惹きつけ、とどまらせ、やる気を起こさせられるかにかかっている。

金銭欲に訴えてやる気を起こさせることが不可能であるならば、彼らの価値観を満足させ、社会的な地位を与え、社会的な力を与えることによって活躍してもらわなければならない。そのためには、彼らを部下ではなく同僚として、高給の従業員ではなくパートナーとして遇さなければならない。

Part 2

技術のマネジメント

5章　知識労働の生産性

二〇世紀におけるマネジメントの偉業とは、製造業における肉体労働の生産性を五〇倍に上げたことである。そして続く二一世紀に期待される偉業とは、知識労働の生産性を同じように大幅に上げることである。二〇世紀の企業において、最も価値ある資産は生産設備だった。しかし二一世紀の組織において、最も価値ある資産は知識労働者とその生産性である。

はじめに、われわれの居場所を見ておく必要がある。そもそも知識ある者が肉体労働に関心をもち、その生産性の向上に取り組みはじめたのがわずか一〇〇年少々前のことだった。

ギリシャのヘシオドスや、その五〇〇年後のローマのヴェルギリウスは農民の仕事をうたった。素晴らしい詩だった。だが彼らが描いた農民の姿や仕事は、現実と掛け離れていた。彼らには忠実に描こうという気はなかった。鎌をもったことも、羊の群れの番をしたことも、農民を丁寧に見たこともなかった。

ヴェルギリウスの一九〇〇年後、カール・マルクスが肉体労働と肉体労働者について書いた。彼もまた、それらのいずれも見なかった。機械にさわったことすらなかった。

テイラーの偉業

みずから肉体労働と肉体労働者を経験したことのある知識ある者、すなわちみずから肉体労働者として働き、肉体労働そのものを研究した最初の人が、フレデリック・W・テイラーだった。

生産性という言葉自体、生まれて五〇年そこそこにすぎない。だが人類の歴史を通じて、さらには有史以前を含めて、いわゆる生産性は着実に伸びてきた。それらの伸びは、いずれの時代においても新しい技術や道具によってもたらされた。経済学者がいうところの資本の側の進歩によるものだった。この間、労働の側すなわち働く者に関しては、ほとんどいかなる生産性の伸びもなかった。この長い歴史において、働く者自身がより多くを生産する方法は、より激しく働くか、より長く働くかしかないことは、いわば公理だった。

一九世紀においても今日と同じように、経済学者の間にはほとんどあらゆる問題について論争があった。しかし、デイヴィッド・リカードからカール・マルクスにいたるまで、働く者の技能に差があっても生産性には違いがないということでは異論がなかった。そこには働き者と怠け者、肉体的に強い者と弱い者がいるだけだった。そもそも生産性なるコンセプトがなかった。今日にいたるも経済学においては、ケインズ学派であれオーストリア学派であれ、生産性は外生変数として扱われ、モデルには組み込まれていない。

ところが、テイラーが肉体労働に関心をもち、研究を行なった一〇年後には、彼のおかげで肉体労働の生産性が大きく伸びはじめた。それ以降、肉体労働の生産性は年平均三・五パーセントの割合で伸びた。こうしてテイラー以降、肉体労働の生産性は五〇倍になった。

テイラーの偉業は、二〇世紀における経済と社会の発展のすべての基盤となった。肉体労働の生産性の飛躍的な向上は、いわゆる先進国経済を生み出した。テイラーよりも前に、先進国なるものは存在しなかった。あらゆる国の経済が後進的な段階にあった。したがって、今日の途上国さらには新興国とは、肉体労働を十分生産的たらしめていない国、あるいは少なくともまだそうしえていない国のことにほかならない。

テイラーの手法

テイラーが発見した生産性向上の手法は驚くほど簡単だった。はじめに仕事を個々の動作に分解する。次いで、それらの動作に要する時間を記録する。次に無駄な動作を探す。肉体労働の仕事を分解するならば、それまで絶対としてきた動作の多くが無駄で役に立っていないことが明らかになる。次に、不可欠なものとして残った動作を短い時間で簡単に行なえるようにする。それらの一新された動作を組み立てなおす。

最後の仕上げとして、それらの動作に必要な道具をつくりなおす。仕事を分解してみれば、何千年も行なわれてきた仕事さえ、それまでの道具が適切でないことが明らかになる。たとえば、テイラーが最初に分析した、鋳造のための砂をすくう仕事に使われていたシャベルがそうだった。形も大きさも柄も不適切だった。同じことは外科医のメスについてもいえた。

テイラーの手法は簡単に見える。優れた方法というものは常にそうである。だが、彼がこの方法を確立するには二〇年を要した。

テイラー以降のこの一〇〇年において、彼の編み出した手法は改善され洗練された。名前さえ変わった。テイラー自身、はじめはタスク分析、次にタスク・マネジメントと呼んだ。今日の科学的管理法に改名したのは、手法として確立した後のことだった。さらに二〇年後の第一次大戦の直後、アメリカと日本ではインダストリアル・エンジニアリングと呼ばれ、ドイツでは合理化（ラショナリゼーション）と呼ばれるようになった。

これまでいろいろな人が、自分の手法はテイラーのものとは違い、それに代わるべきものであるとしてきた。しかしそのほとんどは、イメージ上の問題をクリアするためだった。なぜならば、テイラーと彼の手法は、成果が大きかっただけでなく、むしろそのために憎まれていたからだった。

仕事に知識を適用した最初の人

仕事を分析したテイラーが発見したものは、ヘシオドス、ヴェルギリウスからカール・マルクスにいたる詩人や思索家が口にしていたことに、ことごとく反していた。彼らは技能を神聖視していた。テイラーは肉体労働にそのようなものはないことを明らかにした。そこには単純な動作があるだけだった。彼ら肉体労働者を生産的な存在たらしめるものは知識だった。未熟練であっても行なえる単純な動作にすることだった。テイラーこそ仕事に知識を適用した最初の人だった。

だがそのためテイラーは、技能別に組織され、技能の神秘性とその独占を基盤としていた労働組合に憎まれた。彼は労働組合の主張を退け、労働者は労働時間すなわちその投入したものによってではなく、その産出したものによって報酬を得るべきことを主張した。

そのうえ、彼は仕事が単純な動作の連続であることを明らかにすることによって、文化人や知識人、すなわちみずからはまったく肉体労働の経験をもたない人たちの反感を買った。彼は仕事にまつわるロマンを壊した。そのため高貴であるべき技能を単純な動作の連続におとしめたと見られた。

しかるに、この一〇〇年間に肉体労働者の生産性の向上と実質賃金の上昇をもたらした手法のほとんどが、いかに違いを強調しようとも彼の手法を基盤としていた。職務拡大、職務充実、多能化のいずれもが働く者の疲労を防ぎ、生産性を上げるために彼の手法を使った。テイラーの延長線上にあった職務分析やインダストリアル・エンジニアリング、さらには彼の引退後の一九一三年に開発されたヘンリー・フォードの組立ラインをはじめとする一連の肉体労働のシステム化がそうだった。日本企業の品質管理サークル、カイゼン運動、カンバン方式がそうだった。

その典型が、W・エドワード・デミングのトータル・クォリティ・コントロール（TQC）だった。デミングが行なったことは、テイラーの仕事の分析とシステム化にほかならなかった。違うところは、一九四〇年頃にようやく使えるようになった統計理論を導入したことだった。さらには一九七〇年代にいたって、ストップウォッチと写真機に代え、テレビカメラとコンピュータ・シミュレーションを使ったことだった。デミングの品質管理は、まさにテイラーと同じ原理にもとづいていた。

アメリカ生まれの哲学

いかにテイラーの手法に限界と欠陥があったにせよ、彼ほど人類の歴史に大きな影響を与えたアメリカ人はいない。ヘンリー・フォードも及ばない。

彼の科学的管理法とその後継であるインダストリアル・エンジニアリングこそ、世界を一変させたアメリカ生まれの知恵だった。その意義は、合衆国憲法と『フェデラリスト・ペーパー』をしのいだ。この一世紀間、テイラーの哲学に比肩しうるものは唯一つマルクス主義だけだったが、勝利をおさめたのはテイラーのほうだった。

第一次大戦中、このテイラーの科学的管理法が、フォードの組立ラインとともにアメリカを変えた。一九二〇年代にはヨーロッパを席巻し、やがて日本で採用された。

第二次大戦は、奇しくもドイツとアメリカがテイラーの原理を教育訓練に適用し成果を上げた。ドイツ軍の参謀本部は、第一次大戦での敗戦を教訓に合理化、すなわちテイラーの科学的管理法を兵士の仕事の訓練、つまり軍事訓練に適用した。こうしてヒトラーは、権力を握った一九三三年以降のわずか六年間に強大な戦闘部隊をつくりあげた。

他方アメリカは、同じ原理を工場労働者の訓練に対し、第一次大戦中は実験的に、第二次大戦中は本格的に適用した。こうしてアメリカは、徴兵の規模が大きかったために、工場に成人男子があまり残っていなかったにもかかわらず、軍需品の生産でドイツを上回った。科学的管理法で訓練されたアメリカの工場労働者の生産性は、ヒトラーのドイツおよびヒトラー支配下のヨーロッパの二倍を超えた。アメリカは科学的管理法のおかげで、ドイツと日本を数倍上回る力を工場で発揮した。

欧米以外の国々における一九五〇年以降の経済発展は、アメリカが第二次大戦中に行なった科学的管理法による肉体労働者の生産性の向上によってもたらされた。

それまで経済発展は、世界中いずれの国でも技術的イノベーションによって実現されていた。はじめは一八世紀のフランス、次に一八世紀半ばから一九世紀半ばにかけてのイギリス、そして一九世紀後半のドイツ、アメリカと続いていた。

第二次大戦後に経済発展をとげた日本をはじめとする非西洋諸国は、技術的イノベーションにはそれほど力を入れなかった。その代わり、アメリカが第二次大戦中にテイラーの原理にもとづいて発展させた訓練手法を導入し、未熟練の、いわば工業化前の労働力の生産性を一夜にして高めた。たとえば、日本では一九五〇年にいたってなお、労働力の三分の二近くが農民であって、農耕の技能しかもたなかった。

しかし、こうして生産性を高めた労働力の賃金水準は、一〇年かそれ以上の間、工業化前のままにおかれた。そのような水準の労働コストのおかげで、日本、次いで韓国、台湾、シンガポールは先進国並みの製品を安く生産することができた。

知識労働の生産性を向上させる六つの条件

テイラーの手法は、製造業の肉体労働者のためのものとして意図され、事実彼らのために適用された。それは今後ともそれらの分野において大きな役割を果たす。肉体労働がこれから先なお相当期間にわたって社会と経済における成長部門でありつづける国、すなわち教育も訓練も受けていない若者の数がすでに膨大であって、なお増大しつつある途上国において、仕事の原理として大きな役割を果たしつづける。

しかしそれらの仕事のほかにも、肉体的な動作をともなうテクノロジストによる知識労働は膨大に存在する。それらの仕事の生産性向上のためにはインダストリアル・エンジニアリングが必要となる。

先進国における中心的な課題は、もはや肉体労働の生産性の向上ではない。すでにわれわれは、そのための方法を知っている。これからの中心的な課題は、知識労働の生産性の向上である。先進国では知識労働者が労働力人口の中核を占めつつある。おそらくアメリカでは全労働力の五分の二に達する。他の先進国でも急速に増大しつつある。そしてまさに彼らの生産性にこそ、先進国の生存と繁栄がかかっている。

知識労働の生産性についての研究は始まったばかりである。われわれがもっている知識は、肉体労働の生産性についての一九〇〇年当時の知識の段階、ちょうど一世紀前の水準にすぎない。

知識労働の生産性については、まだ答えがわからず、したがって早急に取り組むべき問題は多い。しかし、知識労働の生産性を向上させるための条件は、大きなものだけで六つある。

第一に、仕事の目的を考える。

第二に、働く者自身が生産性向上の責任を担う。みずからをマネジメントする。自律性をもつ。

第三に、継続してイノベーションを行なう。

第四に、みずから継続して学び、人に教える。

第五に、知識労働の生産性は量よりも質の問題であることを認識する。

第六に、知識労働者は、組織にとってコストではなく資本財であることを理解する。

六番目の条件以外は、肉体労働の生産性向上のための条件とはちょうど逆である。もちろん肉体労働においても仕事の質は重要である。だが肉体労働では、質は制約にすぎない。最低の基準があるだけである。統計理論の肉体労働への適用であるTQCの偉業は、この基準を下回る製品をゼロ近くにまで減らしたことにあった。これに対し、知識労働における仕事の質は制約どころではない。仕事の本質である。

教師の仕事は、生徒の数では評価されない。何人の生徒が本当に学んだかが問題である。質が問題である。病院の検査室にしても、役に立つ検査をどれだけ行なったかが問題であって、検査の数が問題ではない。同じことは事務の仕事にもいえる。

知識労働の生産性は質を中心に据えなければならない。しかも最低を基準にしてはならない。最高ではないにしても最適を基準にしなければならない。量の問題を考えるのはその後である。

このことは、知識労働の生産性向上は、量ではなく質の面から取り組むべきことを意味するだけでなく、まず仕事の質を定義すべきことを意味する。

仕事の目的

知識労働で重要なことは仕事の目的である。これこそ肉体労働の生産性向上のための条件とは正反対である。肉体労働で重要なことは仕事の方法である。目的は所与である。肉体労働の生産性向上に取り組むうえで、肉体労働者が何を行なうべきかを問題にすることはない。問題にすべきは、いかに行なうかだけである。このことは、テイラーの科学的管理法、フォードの組立ライン、デミングのTQCのすべてについていえる。

これに対し知識労働で鍵となる問題は、仕事とは何かということである。肉体労働と異なり、仕事はプログラム化されていない。自動車の組立ラインでは、車軸の取り付けは車体と車軸の同時到着によってプログラム化される。畑で耕作作業中の者が、トラクターを下りて会議に出たり、メモをとったりすることはない。肉体労働では、なすべき仕事は常に明らかである。

知識労働では、仕事がプログラム化されることはほとんどない。たしかに、患者が意識不明に陥った緊急時に看護師が行なうべきことは、あらかじめプログラム化されている。しかし日常において、患者の面倒をみるか事務処理をするかを決めるのは看護師自身である。

今日多くの知識労働者が、本来の仕事を放り出して書類を書いたり、書き直したりしている。あるいは会議への出席を求められている。デパートの店員にとっては、顧客の相手をし、顧客が関心をもつ商品や、顧客に関心をもってもらいたい商品を見せることが仕事である。ところが実際には、書類書き、在庫調べ、配送準備に時間をとられている。商品を売ることや顧客を満足させるという本来行なうべきこととは無関係なことを行なっている。

したがって、知識労働の生産性を上げるために最初に行なうことは、行なうべき仕事の内容を明らかにし、その仕事に集中し、その他のことはすべて、あるいは少なくとも可能なかぎり、なくしてしまうことである。

そのためには、知識労働者自身が、自分の仕事は何であり、何でなければならないかを明らかにしなければならない。それができるのは知識労働者自身である。知識労働の生産性向上を図るには、知識労働者に対し、なすべき仕事は何か、何でなければならないか、何を期待されているか、仕事をするうえで邪魔なことは何かを問うことが必要である。

ほとんどあらゆる知識労働者が、これらの問いを一度は考えたことがあるはずである。したがって、答えることはできるはずである。実際に彼らの仕事を組み変え、果たすべき貢献を可能なものとするには膨大な時間と作業を必要とする。しかし、これらの問いかけを行ない、その答えに従って行動するならば、知識労働の生産性は二倍、三倍に向上する。

これは実際に、ある大病院で看護師たちにこの問いかけを行なったところ起こったことである。仕事は何かとの問いに対する答えは大きく二つに分かれた。一方は患者の看護と答え、一方は医師の補助と答えた。ところが生産性を邪魔しているものについては、全員の答えが一致した。書類書き、花生け、電話応対など彼らが雑用といっているものだった。それらの雑用は、看護の訓練を受けていない病棟事務員に任せることができた。

そこで、早速そのようにしたところ、看護師たちの生産性、すなわち本来の仕事に使える時間が直ちに倍になった。患者の満足度も倍以上になった。それまで絶望的に多かった看護師の中途退職が激減した。これらのことがわずか四カ月間に起こった。

仕事が何かが明らかになれば、続くその他の条件に取り組むことも容易となる。そのうえ知識労働者自身が取り組めるようになる。まず貢献することについて責任をもつことが容易になる。仕事の質や量、時間やコストについて、いかなる責任をもつべきかを判断することが容易になる。さらには、自律性をもつことができるようになる。そして、そこから責任が生じる。継続して学び、教えることも当然のことになる。

仕事の質は何か

ところが、それでも知識労働の生産性を向上させるための条件が、一つだけ残る。仕事の質は何かということである。

知識労働のあるものについては、すでに仕事の質が測定できるようになっている。高度の知識を必要とする知識労働のなかにも、仕事の質を測定しているものがある。たとえば、外科医は心臓手術や小児整形手術など難度の高い手術について、手術の成功率によって仕事の質が測定されている。しかし今までのところ、知識労働の多くは測定されず、主観的な評価がなされる段階にとどまっている。

だが本当の問題は、仕事の質の測定にあるのではない。そもそも仕事が何であり、何でなければならないかを明らかにできないこと、ときには大きく意見が分かれることにある。

そのよい例がアメリカの初等教育である。周知のように都市部の公立学校はひどい状況にある。ところがそれらの学校のすぐ隣に、同じような子供たちを相手にしながら子供たちを躾け学ばせている私立学校、特にミッション・スクールがある。両者の違いについてはさまざまなことがいわれている。

しかし、その違いの最大の原因は仕事の定義の違いにある。学校の仕事を公立学校では恵まれない子を助けることと定義しているのに対し、ミッション・スクールでは学びたい子が学べるようにすることと定義している。すなわち、前者が失敗を基準にしているのに対し、後者は成功を基準にしている。

同様に、医薬品メーカーによっては研究開発部門の仕事の定義が異なる。一方は既存の医薬品の改善に絞り、一方は、リスクはともなうが革新的な医薬品を生み出すことにしている。

このように、仕事の定義の仕方そのものが、知識労働の質の定義や生産性向上の方法を変える。何を成果とすべきかは意見が分かれ、リスクもともなう。とはいえ、われわれはすでにかなり多くのことを知っている。ただしこれを実際に行なうことは、ほとんどの組織にとって、またほとんどの知識労働者にとって未経験の新しい課題である。そのうえ、答えを得るには議論を必要とする。しかも意見の対立は避けられない。

資本財としての知識労働者

肉体労働者と知識労働者の違いは、彼らをめぐる経済原理において最も大きい。経済学も現実の経営も、肉体労働者をコストとして扱う。しかし、知識労働者を生産的な存在とするには、彼らを資本財として扱わなければならない。コストは管理し減らさなければならないが、資本財は増やさなければならない。

肉体労働者の管理においても、定着率の低さ、すなわち彼らを失うことが高くつくことはかなり前から認識されていた。よく知られているように、フォード社では一九一四年一月一日付をもって、それまでの熟練労働者の日給八〇セントを一挙に五ドルに上げた。あまりの定着率の低さに採用と訓練のコストがかさみすぎたためだった。事実、一万人を確保するために毎年六万人を採用しなければならなかった。

だが、そのフォード社さえ、ヘンリー・フォード（当初、この賃上げには大反対だった）をはじめとして、賃金を上げれば利益は減ると誰もが考えていた。ところが、賃上げを行なった初年度から利益は倍増した。一日五ドルもらって辞める者など一人もいなかった。それどころか、就職希望者のウェイティングリストができた。

定着率、再雇用、再訓練等の問題を別にすると、肉体労働者は依然としてコストとされている。このことは、終身雇用制を採用し、企業との一体感を重視し、正社員を厚遇する日本でさえそうである。現実の人事管理においても、肉体労働者は数として認識されるだけである。しかし、そのようなことは知識労働者についてはありえない。

肉体労働を行なう者は生産手段を所有しない。経験は豊富かもしれないが、その経験も現に彼らが働いている場所においてでなければ価値がない。持ち運びできるものではない。

ところが、知識労働者は生産手段を所有する。頭のなかにしまい込んだ知識は持ち運びできる。まさに生産手段を所有するからこそ、彼らの流動性は高い。もちろん、彼らが組織を必要としないわけではない。彼らのほとんどは組織と共生関係にある。彼らと組織は互いを必要とする。しかし、仕事が彼らを必要とする以上に、彼らが仕事を必要とするわけではない。

マネジメントの職責の一つとして、資本財の保全がある。しかしそのことは、知識労働者のもつ知識が資本財となり、しかも、それがますます重要になりつつある今日、何を意味するか。労務管理上いかなる意味をもつか。最高の知識労働者を惹きつけ、とどまらせるためには何が必要か。彼らの生産性を向上させ、組織の業績に結びつけるには何が必要か。

先進国にとってはテクノロジストが鍵

ここまで、知識労働者は知識労働にのみ携わるかのように述べてきた。しかし、きわめて多くの知識労働者が、知識労働と肉体労働の両方を行なう。そのような人たちを、特にテクノロジストと呼ぶ。

テクノロジストには、きわめて高度の知識を使う人たちがいる。脳内動脈瘤のおそれのある切除手術の前には、高度の知識を要する事前診断に数時間をかける。手術の最中も、高度の理論的な知識と判断を必要とする。しかし手術自体は肉体労働である。迅速性、正確性、規格性が要求される反復動作からなる肉体労働である。しかも、テイラーの手法によって分析し、組み立て、身につけるべき肉体労働である。

知識労働者のなかで最も多いのがテクノロジストである。しかも急速に増加しつつある。病院の検査技師、リハビリ訓練師、レントゲン技師、超音波映像技師などの技術者がいる。歯科医をはじめとする歯科関係の技術者がいる。自動車の修理士がいる。彼らテクノロジストは、一九世紀と二〇世紀の熟練労働者の後継である。先進国にとって、唯一ともいうべき競争力要因でありつづける人たちである。

なぜならば、もはやいかなる国といえども、純粋の知識労働者をもつだけでは、最先端を進むことは不可能となっているからである。理論物理学、高等数学、経済学の知識については、もはや国境は存在しないも同然である。たとえば、インドはその貧しさにもかかわらず、世界最高水準の医師とコンピュータ・プログラマーを擁している。

同じように、肉体労働の生産性に関しても、もはや国境はない。科学的管理法にもとづく訓練の手法を使うならば、いかなる国といえども一夜にして世界最先端の国、産業、企業と同水準の肉体労働の生産性を実現することが可能である。これからは、先進国が競争力を維持していくための唯一の道がテクノロジストの教育訓練である。

今日のところ、テクノロジストによる競争力優位を実現しているのはアメリカだけである。アメリカには、すでに独特の存在として、テクノロジスト教育のためのコミュニティ・カレッジの全国的なシステムができあがっている。コミュニティ・カレッジは、理論的な知識と肉体的な技能の双方をもつテクノロジストの教育のために、一九二〇年頃にアメリカ各地に設立された。今日のアメリカ経済の強大な生産力や、その独特ともいえる新産業の創造力は、コミュニティ・カレッジに負うところが大きい。

現在のところ、アメリカのコミュニティ・カレッジに相当するものは、世界中どこにも存在しない。日本の教育システムでさえ、肉体労働のための人々と知識労働のための人々の二種類を生むにとどまっている。

ドイツの徒弟制度は有名である。特に一八三〇年代に始まったマイスター制度は、ドイツに世界の製造業のリーダーの地位をもたらした。

だがそれは肉体的な技能に焦点を合わせ、理論的な知識を軽んじている。そのため、今日では急速な陳腐化の危険に直面している。

しかしながら、これら先進国は急速にアメリカに追いつく可能性がある。これに対し新興国や途上国のほとんどは、追いつくために数十年を要する。

なぜなら、第一に、テクノロジストの教育は資金を要するからである。第二に、それらの国では、手を使って働くことが軽視されているからである。今日にいたるも、召使いは何のためにいるかとの姿勢が一般的である。

先進国、特にアメリカでは、働く者のますます多くがテクノロジストとなっていく。知識労働者の生産性の問題に関しては、このテクノロジストの生産性が一層重要性を増していく。

テクノロジストの先駆け

テクノロジストについては、早くも今から七〇年以上前に、AT&Tが電話の架設、修理、付け替えの訓練に取り組んでいた。一九二〇年代のはじめには、電話工事士が大きなコスト要因になるとともに苦情の種になっていた。五年をかけて原因を調べたAT&Tは、問題が電話の架設や修理、取り替え方など特定の原因によるものではないことを明らかにした。問題はあくまでも電話加入者の満足度にあった。

問題が明らかになれば、解決は容易だった。まず行なうべきことは、電話工事士自身に電話加入者のニーズを理解させることだった。AT&Tでは、あらゆる苦情を二四時間以内に解決することにした。午前中に連絡があればその日中に、午後であれば翌日の午前中に直すことにした。

次に、電話工事士自身に、架設と修理に職種を分けるべきか、一人で両方できるようにすべきかを考えさせた。答えは後者だった。そこで、小卒がほとんどだった彼らに理論的な知識を与えることにした。電話、交換機、電話網の仕組みを教えた。十分な知識をもたせ、どのような問題についても原因を究明し対処できるようにした。さらにテイラーの科学的管理法によって、反復的な動作を正しく行なえるようにした。

その結果、直ちに彼らは電話線をどこへどうつなぐか、どこにどのような電話機が適しているかを判断できるようになった。彼らは電話工事士であるだけでなく電話のセールスマンになった。

最後に、AT&Tでは電話工事士の仕事の質を定義しなおした。彼らは一人で働いており、こと細かに監督するわけにはいかなかった。そこで、彼ら自身に仕事の質を定義させた。これにはさらに数年を要した。はじめは抜き打ち検査で十分とされ、二〇～三〇件に一件の割合で監督がチェックに出かけた。しかし、それでは顧客に面倒がられ、電話工事士たちを不快にさせるだけで芳しい方法ではないことが明らかになった。

そこで仕事の質を苦情件数で判断することにした。しかし、苦情をいってくるのはよほどの場合だけだった。そのため、今度は仕事の質を顧客満足度で測ることにした。それは、電話工事士自身に仕事の質を管理させるということだった。こうしてAT&Tでは、電話工事士自身を工事の一週間後から一〇日後に顧客のところへ派遣し、顧客が満足しているか、さらに何かしてほしいかを尋ねさせることにした。

この古い事例を詳しく説明したのは、知識労働者であるとともに肉体労働者である人たちの生産性向上に必要な三つの条件のすべてが、この例に含まれているからである。

テクノロジストの生産性向上には、第一に、仕事は何かとの問いかけを行なうことである。答えを出すことは容易でない。しかも、答えを知りうる者はテクノロジスト自身である。事実、電話工事士の例でも、彼らに聞くまでは答えは見つからなかった。彼らに聞いたとたん、顧客満足度という明確な答えが返ってきた。

第二に、テクノロジスト自身が仕事の質を担保することである。AT&Tでは電話工事士自身が顧客満足をもたらす責任を負った。こうしてはじめて、テクノロジストが手にすべき体系的な知識も明らかになる。さらには、彼らの仕事のうち、肉体労働の部分の生産性向上に必要な仕事の組み立て方も明らかになる。

第三に、テクノロジスト自身が知識労働者であることを認識することである。いかに肉体労働の部分が重要で時間がかかろうとも、知識労働者としての知識、責任、生産性を身につけることに焦点を合わせなければならない。

どこから手をつけるべきか

知識労働者の生産性の向上を図るには、まず関係者全員の姿勢を変えなければならない。肉体労働者については、いかに仕事をするかを指示するだけでよかったのとは大違いである。しかもその姿勢の変化は、一人ひとりの知識労働者だけでなく組織全体において必要とされる。したがって、ここでも他のあらゆる変化と同じように試行（パイロット）が必要となる。

まずはじめに、組織のなかで変化を受け入れる用意のある部門や知識労働者のグループを見つけることである。次に、その小さなグループによる取り組みを、かなりの期間ねばり強く行なっていくことである。いかに熱意をもって始めても、必ずや予期せぬ問題にぶつかるものである。

小グループの生産性が大幅に向上した後でなければ、組織全体はもちろん、大がかりに適用しようとしてはならない。こうしてようやく、いかなる問題があるか、どこに抵抗が起こるか、仕事や組織、評価や姿勢のどこを変えなければならないかが明らかになる。

いかなる圧力があろうとも、この試行の手順をとばすならば、うまくいく部分は見逃され、うまくいかない部分だけが目につくようになる。しかし、的確に試行を行ないさえすれば、知識労働者の生産性は大幅に向上させることができる。

先進国の条件

知識労働者の生産性こそ、明日を支配するうえでマネジメント上の最大の挑戦である。特に先進国にとって、彼らの生産性は先進国としての地位の基盤となる。彼らの生産性の向上なくして、今日の地位を保ち、今日の生活水準を維持することはできない。

この一〇〇年間、先進国のリーダー的な地位は、肉体労働の生産性の向上によってもたらされた。ところが今日では、そのようなことは、一二〇年前のテイラーの研究以来先進国が開発してきた手法によって、いかなる国、いかなる産業、いかなる企業でも行なえるようになった。テイラーの原理を、教育も技能もない肉体労働者の訓練に適用することは、どの国でもできるようになっている。

そのうえ、先進国ではもっぱら肉体労働を行なう若者が減少しつつある。逆に途上国や新興国では、今後三〇年から四〇年は急速に増加を続ける。先進国が期待しうる競争力要因は、知識労働の用意があり、教育と訓練を受けた人々の存在だけである。この分野で先進国は、今後五〇年は質量ともに優位を保つことができる。

しかし、この優位性を現実のものにできるか否かは、先進国およびその産業、企業が、この一〇〇年間における肉体労働の生産性の向上に匹敵する速さで、知識労働の生産性を高めうるか否かにかかっている。

これまでの一〇〇年は、肉体労働の生産性向上に成功した国や産業が世界経済のリーダー役となった。はじめにアメリカ、次にドイツと日本が続いた。これに対し、これからの五〇年において世界経済のリーダー役となるのは、知識労働の生産性向上に成功した国や産業である。

マネジメントの見直しの必要性

それでは、知識労働者の興隆と知識労働の生産性の重要度の増大は、コーポレート・ガバナンスにおいていかなる意味をもつか。経済体制のあり方にいかなる影響を与えるか。

先進国では、この一〇年から一五年の間に、年金基金をはじめとする機関投資家が上場企業の株式の主たる保有者となった。その結果、特にアメリカではコーポレート・ガバナンスの問題が急浮上した。それら機関投資家が上場企業の所有者として登場してきたことにともない、力の移行が起こったからだった。このアメリカで起こった企業の目的と統治のあり方の変化は、今後他のあらゆる国で見られることになる。

しかし、やがてまもなく、コーポレート・ガバナンスについては、もう一つ新しい波がやってくる。すなわち、法的な所有者の利益とともに、知識労働者すなわち組織に富の創出能力を与える存在としての人的資源の利益の観点から、雇用主としての組織とそのマネジメントを見直さなければならなくなる。

なぜなら、企業をはじめとするあらゆる組織にとって、みずからの生存は知識労働者の生産性に左右されるようになるからである。まさに、最高の知識労働者を惹きつけ、とどまらせる能力こそ最も基本的な生存の条件となる。

しかし、この能力は定量的に評価できるだろうか。それとも把握不可能だろうか。これからは、経営者、投資家、資本市場にとって、この問題が最大の関心事となる。

さらに、資本ではなく知識労働者が統治の主体となったとき、資本主義とは何を意味することになるのだろうか。知識労働者が、知識を所有するがゆえに唯一ともいうべき真の資本財となったとき、自由市場とは何を意味することになるのだろうか。

6章　ベンチャーのマネジメント

既存の組織について起業家マネジメントというとき、ポイントは前半の「起業家」にある。ベンチャーについては後半の「マネジメント」にある。既存の組織にとって、起業家精神の障害となるものは既存の事業である。ベンチャーにとって、起業家精神の障害となるものは既存の事業の欠落である。

成功のための四つの原則

ベンチャーにはアイデアがある。製品やサービスがある。売上げさえある。ときにはかなりの売上げがある。たしかにコストはある。収益があり、利益もあるかもしれない。だが、確立された事業がない。永続的な活動としての事業がない。何を行ない、何を成果とすべきかが明確になっている事業がない。

ベンチャーは、いかにアイデアが素晴らしくとも、いかに資金を集めようとも、いかに製品が優れようとも、さらにはいかに需要が多くとも、事業としてマネジメントしなければ生き残れない。

一九世紀最高の発明家トマス・エジソンは、このことが理解できなかったために手がけた事業のすべてに失敗した。彼の夢は実業家として成功し、大企業のトップになることだった。最高の企画力をもっていた彼が、事業に成功しても何ら不思議はなかった。自分の発明した電球を使えるようにするには、いかなる電力会社をつくるべきかを知っていた。いかに資金を集めたらよいかも知っていた。だが彼は起業家のままで終わった。

マネジメントとはボスであることと考えていたエジソンは、マネジメントのためのチームをつくらなかった。そのため彼のベンチャーは、中堅企業に成長した段階でことごとく倒産寸前に追い込まれた。いずれも彼が引っ込み、専門のマネジメントが代わりをつとめるしか会社を救う方法はなかった。

ベンチャーが成功するには四つの原則がある。第一に市場に集中すること、第二に財務上の見通し、特にキャッシュフローと資金について計画をもつこと、第三にトップマネジメントのチームを、それが必要となるはるか前に用意しておくこと、第四に、創業者である起業家自身がみずからの役割、責任、位置づけを決めることである。

市場中心で考える

通常、ベンチャーが期待にそえず、それどころか生き残れなくなるときの決まり文句は、「あの連中に市場をとられるまではうまくいっていた。やつらが市場に出したものは、うちとたいして違わなかった」である。あるいは、「うまくいっていたのに、あの連中がとんでもない客に売りはじめ、そのうちこちらの市場までもっていってしまった」である。

ベンチャーが成功するのは、多くの場合、予想もしなかった市場で、予想もしなかった客が、予想もしなかった製品やサービスを、予想もしなかった目的で買ってくれるときである。ベンチャーはこの事実を踏まえ、予期せぬ市場を活用するようみずからを組織しておかなければならない。あくまでも市場志向、市場中心でなければ、競争相手のために機会をつくるだけに終わる。

一九〇五年、ドイツのある化学者が局部麻酔用のノボカインを開発した。しかし、それを使う医者はいなかった。彼らは全身麻酔にこだわっていた。ところが予想もしなかったことに、歯科医がそれを使いはじめた。憤慨したこの化学者は、歯の治療に使うことの間違いについて講演までしたという。歯の治療のために麻酔剤を開発したのではなかった。

この反応は極端である。しかし起業家なるものは、イノベーションの目的を自分なりにもっている。そのため別の使われ方をすると腹を立てる。想定外の顧客に売ることを拒否はしないかもしれないが、歓迎しないことをはっきりさせたがる。

コンピュータに起こったことが、それだった。最初のコンピュータを手にしていたユニバックは、コンピュータを科学計算用に設計した。そのため、企業が関心を示してもセールスマンを派遣しなかった。コンピュータが何たるかを知らないのではないかとさえいっていた。

ＩＢＭも最初は科学用にコンピュータを設計した。天文学の計算が目的だった。しかしＩＢＭは、企業からの注文を喜んで受けた。一〇年後の一九六〇年頃、ユニバックは圧倒的に優れたコンピュータを手にしていたが、ＩＢＭは市場を手にしていた。

マネジメントの教科書は、このような問題の解決策として市場調査を教える。間違った処方箋である。新しいものについて市場調査をすることはできない。市場に出ていないものを市場で調査することは不可能である。コピー機の特許の売り込みを受けた印刷機メーカーは完璧な市場調査を行なった。その結果、印刷会社はコピー機を使わないとの結論を得て、買い取りを断った。企業や学校や個人がコピー機を買うようになるとは思いもよらなかった。

予期せぬものが大事

ベンチャーは自分の製品やサービスを、予期しなかった市場で、なじみのない客が予期しなかった使い方をするために買うことがあっても当然との前提で事業をスタートさせなければならない。市場志向になることは、特にむずかしいことではない。しかし、そのために必要なことは起業家の性向に反する。予期せぬ成功や失敗など予期せぬものを体系的に探さなければならない。予期せぬものを例外として片づけず、機会として調べなければならない。

第二次大戦直後、インドのある小さな会社が、ヨーロッパからライセンスを買って原動機付き自転車の生産販売を始めた。インドにはうってつけの製品に思われたが、あまり売れなかった。ところがその会社のオーナーは、ある地方から原動機のみの注文がかなりあることに気づいた。はじめはそうした注文は断りたかった。あの小さな原動機で何ができるというのか。だが、好奇心から出かけてみた。そこで彼は、農民たちが原動機を使って灌漑を行なっているのを見た。

この会社は、今日では灌漑用小型ポンプの世界最大メーカーとして、年間数百万台を生産販売している。東南アジア全体に農業革命をもたらしている。

予期せぬ市場からの予期せぬ関心が、本当の可能性か、それとも好奇心にすぎないかを見分けるには、さほどコストはかからない。若干の感受性と体系的な作業が必要なだけである。外へ出てみればよい。市場に行って、顧客やセールスマンと時間を過ごし、見て、聞けばよい。

だがそのためには、製品やサービスの意味を決めるのは顧客であって、生産者ではないことを忘れない仕組みをつくっておかなければならない。製品やサービスが顧客に提供する効用や価値について、絶えず疑問を投げかけなければならない。

最大の危険は、製品やサービスが何であるべきか、いかに買われ、何に使われるのかを顧客以上に知っていると思い込むことである。予期せぬ成功を屈辱とするのではなく、機会として捉えなければならない。そして、企業は顧客のニーズを変えることで対価を得るのではないというマーケティングの基本を受け入れなければならない。企業は顧客のニーズを満足させることで対価を得る。

財務上の見通しを立てる

設立間もないベンチャーに特有の病《やまい》が市場志向の欠如である。それは初期段階における深刻な病である。ベンチャーの息の根をとめないまでも、その成長を完全にとめかねない。

これに対し財務志向の欠如と財務政策の欠落は、成長の次の段階における最大の病である。特に急成長しつつあるベンチャーにとって危険である。財務上の見通しをもたないことは、事業が成功するほど大きな危険となる。

製品やサービスで成功し、急成長する。大幅な増益とバラ色の見通しを発表する。株式市場が目をつける。ハイテクなどの流行の分野であれば大きな注目が集まる。五年以内に売上げ一〇億ドルとの見通しが聞かれるようになる。だが、一年半後に挫折する。倒産はしないかもしれないが、二七五人の従業員のうち一八〇人を解雇する。社長は退陣し、あるいは大企業に安値で買い取られる。

原因はいつも同じである。第一に今日のための現金がない。第二に事業拡大のための資金がない。第三に支出や在庫や債権を管理できない。そのうえ、これら三つの症状は同時に起こることが多い。一つでも起こると体力を損なう。いったん財務上の危機が生じると、立て直しに非常な労力と苦痛がともなう。しかし、これら三つの症状はいずれも予防することができる。

ベンチャーの起業家が金に無頓着なことはあまりない。それどころか貪欲である。それゆえに利益を重視する。

だがそれは間違った考えである。利益は結果としてもたらされるものであって、最初に考えるべきものではない。利益よりもキャッシュフロー、資金、管理のほうが先である。それらがなければ利益の数字は絵空事に終わる。目の前の利益など一年から一年半で消える。

成長に必要な栄養

成長には栄養が必要である。成長とは資金の余剰ではなく資金の不足を意味する。成長には現金が必要である。利益は虚構である。それはバランスシートの一項目にすぎない。ただしこの虚構に対し、ほとんどの国が税金をかけている。

成長は余剰の発生ではなく、債務の発生と現金の流出をもたらす。ベンチャーは成長が健全で早いほど、より多くの資金上の栄養を必要とする。新聞や株式情報に大きく取り上げられたベンチャーや最高益を更新したベンチャーが、二年後には無惨な苦境に陥る。

ベンチャーはキャッシュフローの分析と予測と管理を必要とする。この数年、ハイテク企業を例外としてアメリカのベンチャーの経営状態がよくなっているのは、新しい起業家たちが、起業家精神には資金のマネジメントが不可欠であることをようやく理解するようになったためである。

資金のマネジメントはキャッシュフローの予測によって容易に行なえる。ここでいう予測とは、希望的観測ではなく最悪のケースを想定した予測である。キャッシュフローの予測と計画については、「債務は思ったよりも二カ月早く決済しなければならず、債権は二カ月遅く決済される」との経験則が昔からある。慎重すぎるということはない。慎重すぎたとしても資金が一時的に余るだけである。

ベンチャーは常に一年先を見て、どれだけの資金が、いつごろ何に必要になるかを知っておかなければならない。一年の余裕があれば手当ては可能である。だが切迫した状況のもとで資金を調達することは、事業がうまくいっているときでも困難であり、法外なコストがかかる。何よりも重要な時期に、重要な人材に寄り道をさせることになる。数カ月にわたって金融機関まわりや財務見通しの練り直しに時間とエネルギーをとられ、挙げ句はわずか三カ月の資金繰りのために、事業そのものを抵当に入れさせられる。ふたたび時間と頭脳を事業に集中できるようになったころには、すでに機会を逃している。なぜなら、ベンチャーの本質からして、機会が最も大きくなるとき、資金繰りは最も苦しくなるからである。

成功しているベンチャーは、みずからの資本構造を超えて成長する。これもまた経験則によれば、売上げを四〇パーセントから五〇パーセント伸ばすごとに、それまでの資本構造では間に合わなくなる。資本構造を変えなければならない。

ベンチャーは成長するにともない、オーナー自身や家族、あるいは友人という私的資本では間に合わなくなる。株式公開、既存企業との提携、保険会社や年金基金からの資金調達など、大きな資金源をもたなければならなくなる。増資によって資金調達してきたのであれば、長期の借り入れを行なわなければならなくなる。逆の場合もある。成長によって、それまでの資本構造が陳腐化し、障害となる。

マネジメント・システム

これらに加え、マネジメント・システムを確立しておかなければならない。素晴らしい製品をもち、市場で素晴らしい地位を占め、素晴らしい成長の可能性をもつベンチャーが次々に登場してくる。その多くが突然、マネジメント不能になる。

未収金、在庫、製造コスト、管理コスト、アフターサービス、流通、その他あらゆるものをマネジメントできなくなる。一つが管理できなくなると、あらゆることが管理できなくなる。それまでのシステムの能力を超えて成長したためである。しかも、ようやく新しいシステムができた頃には、市場は失われ、顧客は不信を抱くようになっている。流通チャネルは信用しなくなっている。最悪なことに、従業員がマネジメントを信用しなくなっている。当然である。

急激な成長は、常に既存のマネジメント・システムを陳腐化する。ここでも、四〇パーセントから五〇パーセントの成長が一つの段階として重要な意味をもつ。いったん管理能力を失うと、それを取り戻すことはむずかしい。だがここでも、予防することはかなり容易である。

成長にとって鍵となること、たとえば品質、アフターサービス、未収金と在庫、製造コストなどについてあらかじめ検討しておくだけでよい。それらのことが五つを超えることはほとんどない。

これに加えて、マネジメント関連のコストについても気をつけることである。マネジメント・コストの増大は、マネジメントや事務の人間の雇いすぎを意味する。

ベンチャーが成長していくには、それらのことについて常に三年先を見越し、管理のシステムを確保しておかなければならない。木目細かいシステムは必要ないし、数字も大雑把でよい。重要なことは、それらのことを意識し、注意し、必要に応じて迅速に対応できるようにしておくことである。注意さえしていれば通常管理上の混乱は生じない。そのための手法は簡単に手に入る。会計の教科書に説明してあるとおりである。

トップマネジメントの欠落

市場において、しかるべき地位を確立し、しかるべき資金手当を行なった。しかるべき資本構造とマネジメント・システムも確立した。それにもかかわらず、数年後に深刻な危機に陥る。まさに確立した事業体として成功し、成人したかに思われたそのとき、理解できない苦境に立たされる。製品は一流、見通しも明るい。だが事業は成長しない。収益や財務体質などの面で成果があがらない。

原因は常に同じである。トップマネジメントの欠落である。企業の成長が、トップ一人でマネジメントできる限界を越えてしまった結果である。今やトップマネジメントのチームが必要である。実際には、そのときすでに適切なチームがなければ手遅れである。生き延びることで精一杯である。たとえ生き延びたとしても、不治の機能不全に陥るか、少なくとも数年は出血がとまらない。士気は衰え、従業員は幻滅し、熱気は失われる。事業をつくり、築き上げた創業者は追い出される。

対策は簡単である。トップチームを前もって構築しておくことである。チームは一夜にしてならず。機能するには時間がかかる。相互信頼と相互理解が必要である。そのために数年を要する。私の経験では三年以上かかる。

しかし小さなベンチャーが、堂々たるトップマネジメントのチームをもつ余裕はない。立派な肩書と相応の報酬を要する人たちを六人も抱えることはできない。ごくわずかの人間で問題を処理していかなければならない。それでは、いかにして丸を四角にしたらよいか。

方法はここでも簡単である。ただしそのためには、創業者自身がいつまでも自分でマネジメントを行なうのではなく、その権限をいずれトップチームに引き渡す決意をしておかなければならない。もしトップの一人ないし二人が、あらゆることを自分で行ないつづけるつもりでいるならば、数カ月あるいは遅くとも数年後には、経営危機が不可避となる。

トップチームのつくり方

市場や人口などの客観的指標によって、三年から五年後に倍の規模に成長することが明らかになったならば、トップチームの構築が急務となる。準備が必要である。

第一に、創業者自身が、事業にとって重要な活動について会社の主立った人たちと相談しなければならない。存続と成功がかかっている活動は何か、何が重要な活動かについては、あまり異論はないはずである。しかし意見の違いや対立がある場合は、徹底的に検討しなければならない。重要な活動としてあげられたものは、すべて検討の対象にしなければならない。

重要な活動といっても本のなかから探すことはできない。実際の事業の分析から見出すべきものである。

同じ種類の事業に見えても、重要な活動として位置づけられるものがまったく異なることがある。生産活動かもしれないし、顧客サービスかもしれない。あらゆる組織に共通する重要な活動は二つしかない。人のマネジメントと資金のマネジメントである。それ以外の活動は、事業や仕事、価値観や目標を内部から見ている人たちが決めなければならない。

第二に、創業者をはじめとする主立った人たちの一人ひとりが、自分の得意とするものは何か、ほかの人たちが得意とするものは何かを考えなければならない。このときも、それぞれが得意とするものについては考えが一致するはずである。一致しない点は、すべて検討の対象として取り上げなければならない。

第三に、それぞれの強みに応じて誰がどの活動を担当すべきか、どの活動に向いているかを検討しなければならない。こうして、ようやくトップチームが構築される。

創業者といえども、人事が得意でなければ口を挟まないよう慎まなければならない。強みは新製品や新技術にあるかもしれない。日常業務、製造、物流、アフターサービスにあるかもしれない。財務かもしれない。人事は人に任せたほうがよいかもしれない。重要な仕事は、すべて実績のある者が担当すべきである。

CEOが担当すべきことについてのルールはない。CEOは最高の意思決定機関であり、最終責任を負う。したがって、この最終責任を果たすうえで必要な情報は、必ず入るようにしておかなければならない。しかしCEO自身の仕事は、企業が何を必要とし、自分自身がいかなる人間であるかによって決まる。担当が何であれ、企業にとって重要な活動を担当するのであれば立派なCEOである。だが、ほかの重要な活動のすべてが、誰かによって担当されるようにしておかなければならない。

第四に、重要な活動のすべてについて目標を定めなければならない。製品、人的資源、資金のいずれにせよ、重要な活動に責任を負うことになったすべての人に対し、何を期待できるか、何に責任を負えるか、何をいつまでに実現するつもりかを問わなければならない。これはマネジメントの初歩にすぎない。

二つの悲劇を避けるには

当初、このトップチームは非公式であってよい。成長段階にあるベンチャーでは、肩書を与えることも、公表することも、上乗せの報酬を支払うことも必要ない。むしろ新しい陣容が機能し、その様子が明らかになるまで一年くらい待ったほうがよい。その間チームの全員が、各自の仕事、協力の仕方、お互いの仕事をやりやすくするために行なわなければならないことなど、多くのことを学ぶ必要がある。

こうして二、三年後、いよいよトップチームが必要になったとき、まさにそれは存在していることになる。しかし、もしそのようになっていないようであれば、そのはるか前にマネジメントの能力そのものが失われているにちがいない。創業者は仕事の負荷に耐えられなくなり、重要な仕事は行なわれなくなっている。

考えられるケースは二つある。一つは、創業者自身が能力と関心をもつ一つか二つの活動に没頭したままでいるケースである。それらの活動は重要である。しかし、それらだけが重要というわけではない。それら以外の活動は見る人もないまま放っておかれる。二年後には事業が苦境に陥る。

もう一つのさらに悪いケースは、創業者が良心的な場合である。彼は人と資金が重要であること、そしてそれらをマネジメントしなければならないことを知っている。そこで自分の能力と関心が新製品の設計と開発にあるにもかかわらず、人と資金を自分でマネジメントしようとする。だが才能がないために、いずれもうまくいかない。意思決定や行動に時間がかかる。そのため時間がなくなり、得意とする肝心の新製品や新技術の開発がなおざりになる。三年後には、製品もマネジメントもない抜け殻となる。

前者のケースであれば、企業を救うことは不可能ではない。つまるところ、製品はある。創業者が再建人にトップの座を追われるだけである。しかし、後者のケースでは再建さえうまくいかず、事業は身売りか清算されることになる。

実際に必要となるはるか前から、トップチームを構築しておかなければならない。ワンマンによるマネジメントが失敗する前に、そのワンマン自身が同僚と協力すること、人を信頼すること、さらには人に責任をもたせることを学ばなければならない。創業者は付き人をもつスターではなく、チームのリーダーになることを学ばなければならない。

自分はいかに貢献できるか

ベンチャーのマネジメントについて重要なことを一つあげるとすれば、それはトップチームを構築することである。しかし創業者自身にとって、それはことの始まりにすぎない。ベンチャーが発展し成長するにともない、創業者である起業家の役割は変わらざるをえない。これを受け入れなければ、事業は窒息し、破壊される。

創業者である起業家は、これらについて同意する。彼らとしても、事業の変化に対応できず、事業とともに挫折してしまった創業者の悲惨な話を聞いている。だが、何かをしなければならないことはわかっていても、自分の役割をいかに変えたらよいかを知っている者はあまりいない。

彼らは何をしたいかから考える。あるいは、自分が何に向いているかから考える。しかし正しい問いは、客観的に見て、今後事業にとって重要なことは何かである。創業者である起業家は、事業が大きく伸びたとき、さらには製品、サービス、市場、あるいは必要とする人材が大きく変わったとき、必ずこの問いをみずからに問いかけなければならない。

次に問うべきものは、みずからの強みは何か、事業にとって必要なことのうち、みずからが貢献できるもの、他に抜きんでて貢献できるものは何かである。これらの問いを徹底的に考えることによって、はじめて自分が何をしたいか、何に価値をおいているか、残りの人生すべてとまではいかなくとも、今後何をしたいか、それは事業にとって本当に必要なことか、基本的かつ不可欠な貢献かを問うことができる。

ベンチャーが必要とすることや、創業者である起業家が強みとすること、あるいはその起業家がしたいと考えることはまさに千差万別である。

ポラロイドカメラの発明者エドウィン・ランドは、会社創立後の一二年から一五年間、みずからマネジメントにあたり、一九五〇年代はじめまで続けた。しかし会社が急成長を始めると、トップのチームをつくって事業を任せた。自分はマネジメント向きではないと判断した。彼が貢献できるのは科学的なイノベーションだった。そこで自分を研究者と位置づけ、基礎研究担当の相談役になった。マネジメントは他の者に任せた。

マクドナルドを構想し、創業したレイ・クロックも同じ結論に達した。彼は八〇歳をすぎて他界するまで社長をつとめていた。しかし、日常の業務はトップのチームに任せ、彼自身は「マーケティングの良心」を任じた。他界する直前まで自分の店を毎週二、三軒訪れ、品質や清潔さ、親しみやすさをチェックした。顧客を観察し、話しかけ、耳を傾けた。こうしてマクドナルドは、少なくとも彼が亡くなるまでは、ファストフード業界のトップの地位を維持するうえで必要な変革を行ないつづけることができた。

自分の得意不得意を考える

自分がいかに貢献できるかとの問いは、常に満足のいく答えをもたらすとは限らない。ときには創業者が手を引くこともある。

アメリカで最も成功している金融関連ベンチャーの創業者が下した結論がそうだった。彼はトップのチームをつくったうえで、会社が必要としているものは何かを自問した。そして自分自身と自分の強みを考えた。その結果、会社が必要とするものと自分がしたいこととの間はもとより、自分ができることとの間にさえ共通点のないことを知った。そこで、一年半かけて後継者を育て、事業を引き継ぎ辞任した。

その後、金融以外の分野でベンチャーを三つ創業し、いずれも中堅企業に育てた。そして、そのいずれからも手を引いた。事業を始め育てることを好んだが、マネジメントは好まなかった。事業と別れることが、事業にとっても自分にとっても幸せであるという事実を受け入れていた。

似た状況にあっても、起業家によって達する結論は異なる。ある有名な医療関係NPOの創立者で、今日その分野ではリーダーとして知られる人が、かつて同じようなジレンマに直面した。それは、そのNPOが、マネジメントと資金調達の両方できる人を必要としたのに対し、彼自身は研究者や臨床医であることを望んでいたことだった。

しかし、彼は自分が資金調達を得意とし、かつNPOのCEOになる能力があることを知っていた。「そこで、私は自分自身の望みを抑え、CEOとしての仕事と資金調達の仕事を引き受けることが、自分のつくったNPOと同僚に対する責任だと考えた。もちろん自信がなかったり、理事会や相談相手が後押ししてくれなかったなら、そのような役目は引き受けなかった」

自分は何が得意で何が不得意かとの問いこそ、ベンチャーに成功の兆しが見えたところで、創業者である起業家が向き合い考えなければならない問題である。しかし本来は、そのはるか手前で考えておくべきことである。あるいは、ベンチャーを始める前に考えておくべきことかもしれない。

本田とフォード

これは、第二次大戦の敗戦後という暗澹たる日本において、本田宗一郎が本田技研工業というベンチャーを始めるにあたって行なったことだった。彼は、マネジメント、財務、マーケティング、販売、人事を引き受けるパートナーが現われるまで、事業を本格化しなかった。彼自身はエンジニアリングと製造以外はやるつもりがなかった。この決心が、やがてホンダを成功に導いた。

ここに、ヘンリー・フォードという、さらに昔の、もっと教えられる例がある。フォードは一九〇三年に事業を始めるとき、ちょうど四五年後の本田と同じ決心をした。彼は苦手なマネジメント、財務、マーケティング、販売、人事を引き受けてくれるパートナーを見つけてからベンチャーを始めた。フォードも本田と同じように、自分がエンジニアリングと製造の人間であることを自覚し、みずからの役割をこの二つの分野に限定した。

彼が見つけたジェイムズ・カズンズは、彼に劣らず会社に貢献した。一九一四年頃に導入した有名な一日五ドルの給与や、先駆的な流通とアフターサービスなど、ヘンリー・フォードが考えたとされていることの多くはカズンズの考えたものであって、最初はフォードが反対したものだった。しかし、その後フォードはカズンズを疎んじ、一九一七年には袂を分かってしまった。そのきっかけとなったのが、脱T型とその後継車開発というカズンズの主張だった。

フォード社は、カズンズが去るまで成長と繁栄を続けていた。しかしカズンズの退任の数カ月後、かつては自分が何に向いていないかを知っていたヘンリー・フォードが、トップの機能をことごとく手中にしたとき、フォード社は長い衰退の時代に入った。彼はその後一〇年にわたって、文字どおりまったく売れなくなるまでT型モデルにしがみついた。フォード社の衰退は、カズンズ退任の三〇年後、恐ろしく若いヘンリー・フォード二世が事実上倒産した事業を引き継ぐまで続いた。

相談相手をもつ

これらの例は、ベンチャーの創業者には外部の人間の客観的なアドバイスが必要であることを教える。成長しつつあるベンチャーは取締役会を必要としないかもしれない。そもそも取締役会なるものの多くは、創業者が本当に必要とする相談相手にはなれない。しかし創業者は、基本的な意思決定について話し合い、耳を傾けることのできる相談相手を必要とする。そのような人間は社内にはめったにいない。

創業者の判断やその強みを問題にできる人物が必要である。第三者の立場の人間が創業者である起業家に対し、質問をし、意思決定を評価し、そして何よりも市場志向、財務見通し、トップチームの構築など生き残りのための条件を満たすよう絶えず迫っていく必要がある。これこそ、ベンチャーが起業家マネジメントを実現するための最大の要件である。

このように起業家としてマネジメントできるベンチャーが、やがて大企業として繁栄する。しかしあまりに多くのベンチャー、特にハイテクのベンチャーが、本稿で述べてきた原理を退け、軽視する。それらはマネジメントのすることであって、自分は起業家であるという。だがそのような考えは、自由を意味しない。無責任を意味するだけである。形と本質を混同している。

規律のないところに自由はない。規律のない自由は放縦であって、やがて無秩序へと堕落する。あるいは時をおかずして独裁へと堕落する。ベンチャーが見通しと規律を必要とするのは、起業家精神を維持し強化するためである。成功がもたらす要求に応えるためである。何よりもベンチャーは責任を必要とする。まさに、起業家がこの責任を果たせるようにすることが、ベンチャーのマネジメントである。

7章　つくるだけでは終わらない——製造の新理論

われわれはまだ、ポストモダンの工場を建設していない。しかし、その全貌を示すことはできる。そこには数多くの機械があるだろうが、その本質をなすものは機械ではない。それは製造にかかわる四つの新しいコンセプトである。それらは、それぞれ異なる分野の人たちが異なる問題意識によって発展させたものである。これからは、そのそれぞれが独自の影響をもたらしていく。

第一に、統計的品質管理（ＳＱＣ）が工場の社会構造を変える。第二に、活動基準原価計算（ＡＢＣ）が製造上の決定を事業上の決定として行なわせる。第三に、フレキシブル生産が標準化と柔軟性を同時に実現する。第四に、システムズ・アプローチが、物をつくるという物理的プロセスとしての製造を、事業という経済的プロセス、すなわち価値創造のプロセスに組み込む。

これら四つのコンセプトの進展が、われわれの製造に対する考え方とマネジメントの方法を大きく進化させる。すでに製造にかかわる新しい理論の必要が認められている。これまでの理論をつぎはぎしてもうまくいかず、さらにつぎを当てようとすれば後れをとるだけであることが理解されている。ここにおいて、これら四つの新しいコンセプトが、今日痛切に必要とされている製造の新理論の基礎となる。

統計的品質管理（ＳＱＣ）がもたらすもの

それらのコンセプトのなかで最も広く知られているものが、統計的品質管理（ＳＱＣ）である。それ自体はさして新しいものではない。

ＳＱＣは、七〇年前にロナルド・フィッシャー卿が明らかにした統計理論にもとづく。一九三〇年代には、ベル研究所の物理学者ウォルター・シュワートが、交換機や電話機を大量生産するためにＳＱＣの第一世代にあたるものを開発した。さらに第二次大戦中、いずれもかつてこのシュワートのグループの一員だったＷ・エドワード・デミングとジョセフ・ジュランが、今日使われているＳＱＣを開発した。

日本のメーカーが今日リーダーシップを握っているのは、一九五〇年代から六〇年代にかけてデミングの教えを受けたためである。彼らはジュランからも大きな影響を受けた。アメリカのメーカーはデミングとジュランを四〇年にわたって無視し、今日にいたってようやくＳＱＣを使いはじめた。フォード、ＧＭ、ゼロックスがその新しい信徒である。ヨーロッパもまた、このコンセプトをこれまで大方は無視してきた。

ここで重要なことは、ＳＱＣを実践している企業でさえ、その本当の意味を完全には理解していないことである。彼らはＳＱＣをもっぱら製造の道具として理解する。だが、それは工場内の社会構造に影響を与えるところに価値がある。

ＳＱＣは、品質と生産性の向上を製造プロセスに組み込むための科学的手法として知られる。それは具合の悪いところを見つけ、その原因を明らかにする。機械の疲労か、塗装ガンの汚れか、溶鉱炉の加熱かを明らかにする。しかもサンプル検査によって行なうので、直ちに問題を見つけ、その場で解決する。

さらに、あらゆる手直しが製造プロセス全体に及ぼす影響を明らかにする。デミングに従う日本のメーカーのなかには、手直しが及ぼす影響をコンピュータでシミュレーションするところもある。加えて、SQCは品質と生産性をいかにして継続的に向上させるかを明らかにする。これが、かつてシュワート・サイクル、デミング・サイクルと呼ばれ、今日カイゼンと呼ばれているものがもたらすものである。しかし、これらエンジニアリング上の成果さえ、SQCがもたらすもののほんの一部にすぎない。

日米間の生産性格差は、いまだに十分説明されていない。下請けへの依存度を調整してなお、トヨタ、日産、ホンダの生産性はアメリカの自動車メーカーの二倍から三倍に達する。品質と生産性の向上を製造プロセスに組み込むことは、この格差の三分の一程度を説明するにすぎない。日本のメーカーの生産性は、主としてSQCがもたらす工場内の社会的変化による。

日本のメーカーはフォードやGMよりも直接工が多い。SQCの導入は直接工の増加をもたらす。しかしこの増加よりも、検査工や修理工のような間接工の減少のほうがはるかに大きい。アメリカのメーカーでは、間接工の数が直接工を上回っている。工場によっては二対一である。ところが、SQCのもとでは、そのような間接工はほとんどいらなくなる。職長もほとんどいらなくなる。ひと握りの訓練担当者がいればよい。

言い換えるならば、SQCによって、直接工は自分の仕事をみずから管理することが可能になり、しかもそれが必然となる。SQCによって得られる情報にもとづき行動するために必要な知識をもつ者は、彼ら以外にはいないからである。

品質と生産性と仕事の面白さ

情報と責任を正しく位置づけることによって、ＳＱＣはかつて解決不能とされていた問題を解決した。

これまで製造には二つのアプローチしかなかった。一つはテイラーの科学的管理法を原点とするエンジニアリングのアプローチであり、もう一つは、第一次大戦前、アンドリュー・カーネギー、シアーズ・ローバックのジュリアス・ローゼンワルド、ハーバード大学の心理学者ヒューゴ・ミュンスターバーグによって開発された人間関係論のアプローチだった。

これら二つのアプローチは、互いに相容れない正反対のものとされてきた。ところが、ＳＱＣがこの二つを合体させた。

テイラーとその信奉者もまた、品質と生産性の向上を製造プロセスに組み込んだ。彼らは欠陥をゼロにし、検査工を不要にできるとした。ヘンリー・フォードも、組立ラインによって品質と生産性の向上を製造プロセスに組み込んだ。しかし、ＳＱＣの統計的方法論を抜きにして、科学的管理法も組立ラインも製造の管理を製造プロセスに組み込むことはできなかった。いずれも成果は大きかったが、問題そのものをなくすことはできず、検査体制を必要とした。

これに対し、人間関係論は組立ラインの直接工の経験と意欲によって、品質と生産性の向上を実現しようとした。しかし、これも成果は大きかったものの、ＳＱＣが提供する情報を抜きにしては生産性と多忙さを区別することさえできなかった。部分の変更がプロセス全体を改善したのか、改善したように見せながら実際には悪化させたのかを見分けることができなかった。

第二次大戦中にアメリカで発展した提案制度が日本で成功したのは、その導入がＳＱＣ確立の後だったからである。そのため、日本は提案の評価に必要な客観的な情報を手にすることができた。提案制度はこの二〇年間、アメリカでも熱心に推進された。特に従業員側が熱心だった。しかし、SQCがなかったために失敗した。信頼できる評価の手段がなかったためだった。

アメリカでは、かなりの数にのぼるメーカーが、SQC抜きで品質と生産性の向上を製造プロセスに組み込み、しかも検査と調整を最小限に抑えている。ジョンソン・アンド・ジョンソンがよい例である。あるいは、SQC抜きで直接工によるプロセスの管理に成功しているメーカーも少なくない。IBMははるか昔から現場監督をゼロにし、訓練担当のひと握りのマネジャーに置き換えている。ハーマン・ミラー社は継続訓練と報償制度によって、欠陥ゼロの品質と高い生産性を実現している。

だが、それらは例外である。基本的にアメリカのメーカーは、品質と生産性を製造プロセスに組み込むための方法論を欠いている。しかも、プロセスとその管理にかんする責任を直接工に移し、人を人として活用するための方法論を欠いている。

SQCは昔から求められてきた二つのことを実現する。一つは品質と生産性の向上であり、もう一つは仕事の面白さである。こうしてSQCは、これまで工場が理想としてきたものを実現し、かつてフレデリック・W・テイラーやヘンリー・フォードが描いた近代工場を遂に完成させることとなった。

活動基準原価計算（ABC）が明らかにするもの

最近マスコミでは、会計士の評判が芳しくない。製造にとっての諸悪の根源とされている。しかし、最後に笑うのは会計士である。それには原価計算が大きな役割を果たすことになる。もちろん原価計算の中身は大きく変わる。新しい原価計算は、より正確には製造にかかわる経済学となる。それは、これまでの原価計算とはコンセプトが異なる。製造を事業上の戦略と一体化させることに目的がある。

原価計算は、科学的管理法や組立ラインとともに、近代製造業の三本柱の一つだった。原価計算抜きでは、科学的管理法や組立ラインといえども、力を発揮することはできなかった。この原価計算もまた、アメリカの発明だった。原価計算は一九二〇年代、GM、GE、ウェスタン・エレクトリックが開発した。実は、技術ではなくこの原価計算こそ、GMとGEに世界のリーダーとしての競争力をもたらしたものだった。第二次大戦後、原価計算はアメリカの主要な輸出品となった。

しかしその頃には、原価計算の欠陥も明らかになりつつあった。それらのうち特に重要なものが四つあった。

現行方式の四つの欠陥

第一に、従来の原価計算は、原材料を除く総コストのうち、肉体労働者の直接労働コストが八〇パーセントを占めていた一九二〇年代当時の現実にもとづいたままである。これまでの原価計算は、コストとは労働コストであるとしている。その他はすべて間接費としてひとまとめにしている。

ところが今日では、直接労働コストが二五パーセントの工場が稀である。労働集約的な自動車産業でさえ、日本企業のアメリカ工場やフォードの新工場のような最新鋭工場では、直接労働コストは一八パーセントに下がっている。産業界全体としては、肉体労働者の直接労働コストは八パーセントから一二パーセントが標準である。労働集約的な製造プロセスを抱える大手メーカーのベックマン・インスツルメンツでさえ、今や直接コストのほうを雑費として扱っている。

しかるに、原価計算は、今なお緻密に算出した直接労働コストを計算の基礎としている。その他のコスト、実に八〇パーセントから九〇パーセントにのぼるその他のほうを、製品別の直接労働コストの比という、もはや恣意的ともいうべき按分によって比例計算している。

第二に、原価計算は、製造プロセスや製造方法の変更によるコスト削減まで、直接労働コストの比によって比例計算している。

第三に、さらに深刻なこととして、陽のあるときには使えるが曇りや夜になると一切役に立たない日時計と同じように、原価計算は生産時のコストしか把握できない。故障や生産上の欠陥から生じる遊休時のコストを把握できない。通常、それは総生産時間の八〇パーセントは合格品を生産していると仮定する。だが最高のSQCをもってしても、遊休時間は二〇パーセントをはるかに超える。五〇パーセントにのぼる工場もある。しかるに、製造プロセスは非生産時においても生産時と同じように、給与、光熱費、利子、さらには原材料を消費する。これまでの原価計算は、それらのコストを一切計上しない。

第四に、原価計算は工場を独立した存在として扱っている。工場内のコストだけを現実のものとして把握する。プロセスの変化が製品やサービスの質に及ぼす影響は、推定にすぎないとして把握しようとしない。

一九七〇年代以降のGMの苦境が、まさにこの問題を浮き彫りにした。マーケティング部門は、シボレーやキャデラックにいたるあらゆる車種について、数を絞った車体、フレーム、エンジンから生産するというトップマネジメントの決定を問題視した。しかし原価計算によれば、部品の共通化は直接労働コストを削減するはずだった。そのため、あらゆる車が似たものとなって顧客への訴求力を失うであろうとの問題提起は、推定にすぎないとして一蹴された。

実際問題として、これまでの原価計算は、イノベーションはもちろん製品の改善さえ評価しない。オートメ化も便益ではなくコストとして計上してしまう。

これら四つの欠陥のすべてが、すでに四〇年前から明らかだった。そして、この三〇年というもの、会計学者、政府機関、会計士、会計事務所のいずれもが問題の解決に取り組んできた。かなりの改善が見られた。しかし、それらの努力のいずれもが、これまでの原価計算の枠内で行なわれたために、問題は残されたままになっている。

会計革命の始まり

新しい原価計算への会計革命の引き金を引いたのは、工場用オートメ機器のメーカーだった。オートメ機器の顧客である工場の人たちは新しい機器を欲しがった。NC工作機械やロボットは治具や工具を迅速に付け替えることができた。オートメ機器の利点は、品質を向上させ、欠陥製品を生産せず、かつ型式や製品の変更にともなう機械の遊休時間を大幅に削減することによって、非生産時間を減らすことにあった。だがそのような利点は、当時の原価計算では把握されなかった。

そのような問題意識から結成されたものが、オートメ機器のメーカー、そのユーザーである多国籍メーカー、会計士たちからなる新しい原価計算システム開発のための国際コンソーシアムCAM—I（コンピュータ・エイディッド・マニュファクチャリング・インターナショナル）だった。一九八六年に生まれたこのCAM—Iがようやく今、製造の現場に影響を及ぼしはじめている。こうして会計革命の幕が切って落とされた。

むしろ今日ではマネジメントの世界において、最も興味深くかつ革新的な仕事は、会計理論の発展に見ることができる。コンセプト、アプローチ、方法論など、新たな経営哲学と呼びうるものが急速に形成されつつある。詳細については論議が続いているものの、すでに新しい原価計算の輪郭が日々かたちをとりつつある。

かなり早い段階で、これまでの原価計算のコンセプトを手直しするだけでは問題を解決できないことが明らかになった。新しいアプローチが必要とされていた。直接労働コストを尺度とすることは間違いだった。他の生産要素についても同じことがいえた。そして、このことこそが新しい発見だった。

新しい尺度は時間でなければならなかった。一定時間内に発生するコストは、すべて固定的である。変動コストなどというものはない。欠陥品も合格品と同じ材料を消費するがゆえに、原材料のコストさえ可変ではなく不変である。可変であって管理が可能な唯一のものは時間だけである。時間を削減するものこそ重要である。この洞察によって、実に原価計算にともなう四つの制約のうち、最初の三つが一挙に解決される。

しかもこの新しいコンセプトは、真のコストと便益を定義しなおしてくれることになった。たとえば、それまでの原価計算では、最終製品の在庫は直接労働コストを消費しないがゆえにコストがかからないとされていた。しかも資産として扱われていた。

新しい原価計算では、最終製品の在庫は埋没コストである。在庫中の製品は何も生まない。それどころか高価な資金を釘付けにし、時間を消耗する。時間コストは高い。新しい原価計算は、この在庫についても、その便益（たとえば顧客サービスの迅速さ）を時間コストとの対比によって評価測定することができる。

しかし、新しい原価計算にも第四の制約は残る。オートメ化の投資によって市場から得られる利益、あるいはプロセスの転換に要する時間を短縮するための投資を行なわないことによってもたらされるリスクなど、プロセスの変化と事業全体の関係を考慮できないという制約である。

工場内のことについては、かなりの精度で計算できる。しかし事業全体に対する影響については、推定にとどまる。売上げ増につながるかもしれない、あるいは、顧客サービスで後れをとるかもしれないといえるだけである。そのような見解にすぎないものは、原価計算では定量化できない。原価計算の強みは、あくまでも計量できる範囲内で答えを出すところにある。方程式に曖昧なものを入れることはできない。したがって、この第四の欠陥については、なお検討が行なわれているところである。

フレキシブル生産が意味するもの

ヘンリー・フォードが「黒ならば、どの色でもどうぞ」といったことは有名である。だが、彼がいわんとしたことをわかっている人はあまりいない。彼は、多様性には時間と金がかかるが、ユーザーにはそれを負担するほどの気持ちはないだろうといったのである。しかも一九二〇年代半ばに、GMが色の選択と毎年のモデルチェンジを可能にすることによって、フォードに勝ったことを知っている人はもっと少ない。

ところが今日では、ほとんどあらゆるメーカーが、かつてGMだけができたことを行なえるようになった。さらに進んで、規格化と多様化を結合させているメーカーは多い。彼らは規格化した部品から多様な最終製品を生産する。それにもかかわらず、彼らの多くは今なおヘンリー・フォードと同じように考える傾向がある。すなわち、規格化すれば低コストですみ、多様化すれば高コストになるのは当然であって、両方を満足させることはできないと考える。

だが未来の工場は、両方を同時に実現できるだけでなく、実現させなければならない。こうして工場の組織構造が変わる。

今日までの工場は、一隻の巨大戦艦である。これに対し未来の工場は、製造のプロセスや作業を核とする数多くの基本単位からなる小型艦艇隊である。全体の指揮権は存在するものの、各チームがそれぞれの決定権をもつ。そして艦隊に属する艦艇のように、それぞれが全体や他のチームとの関係のもとにみずからを位置づける。各チームがそれぞれ規格化の利点を享受するとともに、工場全体が多様化のための柔軟性を発揮する。こうして設計の変更、市場への対応、多様な製品の低コスト生産が可能となる。

そのような工場はまだ存在しない。誰もまだ建設していない。しかしすでに多くのメーカーが、この小型艦艇隊という新しいコンセプトの組織構造に向けて動き出している。ウェスチングハウス社のアメリカ工場、アセア・ブラウン・ボベリ社（ＡＢＢ）のスウェーデンのロボット製造工場、日本の大規模印刷工場などである。

この動きをもたらした最大の契機は、ＧＭが行なった三〇〇億ドルから四〇〇億ドルにのぼる大規模なオートメ化投資の失敗だった。ＧＭは製造のプロセス、すなわち組立ラインの効率化のために新しい機械を入れた。ところがプロセスは柔軟性を失い、迅速な変更は困難になった。

その間、日本の自動車メーカーやフォードは、ＧＭほどの金をかけずに生産の柔軟性を手にした。それらの工場も組立ラインをもっていたが、密に接合させず分離させておいた。そこへ治具、工具、備品の交換のスピード化のためのオートメ機器を導入した。そのため組立ラインは規格化を損ねることなく、バッチ生産の柔軟性を確保できるようになった。こうして規格化と多様化は二者択一ではなくなった。両者は融合できるもの、融合しなければならないものとなった。

このことは、製造プロセスのレベルによって、規格化と多様化のバランスが異なることを意味する。工場全体の平均的なバランスに意味はない。あらゆるレベルで同一のバランスをはかろうとするならば、ＧＭで起こったように膨大なコストをかけて硬直性を高めるだけに終わる。必要なことは、それぞれが最適なバランスをもつモジュールへのプロセスの再編である。しかも、それらモジュール間の相互関係は、製品、プロセス、流通チャネルの変更に応じて変化させていかなければならない。

販売からリースへとマーケティングを変えれば、完成品と部品の製造比率を変えなければならない。あるいは、わずかなモデルチェンジであっても、組み立ての順序を変えなければならない。当然のことである。ところがこれまでの組立ラインでは、そのような変更はほとんど行なわないか、時間をかけて行なっていた。

これからは、競争の激化と製品寿命の短縮にともない、そのような変更は必然となり、かつ迅速に行なわなければならなくなる。そのため小型艦艇隊の組織構造が必然となる。

しかし、そのような組織構造をつくりあげるためには、工場の物理的な構造変化以上のものを必要とする。何にもまして情報とコミュニケーションを必要とする。各部局がどこへいかなる情報を出すか、どこからいかなる情報を得るかに意識を集中しなければならない。情報の多くが上ではなく横に向かい、しかも部局間の境界を越えて流れるようにしなければならない。未来の工場は、それ自体が情報のネットワークになる。

その結果、海軍の小艦艇の乗組員が全艦隊の作戦計画を熟知しなければならないように、工場の全員がすべてのプロセスを熟知しなければならなくなる。未来の工場では、全員が全体の成果を大切にするチームの一員として思考し、行動しなければならない。

そして何よりも、自分たちのモジュールの特性、能力、計画、成果について、他のモジュールを動かしている人たちが何を知っておくべきかを考えなければならない。また逆に、自分たちも他のモジュールについて何を知っておくべきかを考えなければならない。

システムズ・アプローチが変えるもの

製造の現場を変える第四のコンセプトが、原材料を経済的満足に変えるためのプロセスとして製造を捉えるシステムズ・アプローチである。

一九三〇年代において、イギリスの小売チェーン、マークス・アンド・スペンサーが、そのようなシステムの最初のものをつくりあげた。同社は商品を設計し、テストした。メーカーと契約し、適切な品質で適切な価格の適切な商品を生産させた。そして、各店舗にジャスト・イン・タイムで配送させた。商品がいつ棚から取り上げられ、買い物かごに入れられるかを綿密に予測し、全体のプロセスを管理した。その後、小売業ではこのシステム管理が一般化した。

実は、このシステムズ・アプローチを最初に考えたのが製造業だった。あのヘンリー・フォードが、T型モデルが絶好調だった一九二〇年代のはじめに、リバールージュ工場で部品の製造と輸送のシステム全体を管理しようとした。彼は自前の溶鉱炉とガラス工場を建てた。タイヤ用のゴムを栽培するためにブラジルで農園を手に入れた。部品を運び入れ、完成車を運び出すために鉄道を買い取った。全米にサービス工場をつくった。自前の専門学校で訓練した修理工を配置することまで考えた。

だがそのために、彼は、所有権によって結びつけたコングロマリット、すなわち金ばかりかかって利益のあがらない怪物をつくりあげた。

これに対しシステムズ・アプローチでは、自分の手ですべてを管理しようとはしない。サブシステムのほとんどを独立させたままにしておく。一方に独立した仕入先があり、他方に顧客がいる。フォードの組織のように工場中心でもない。新しいシステムでは、工場は製造の流れにおける若干広めの空間としか見ない。

製造の計画と日程管理は、マークス・アンド・スペンサーのように製品が最終顧客の手に渡るところから始める。遅延、停止、余剰は、あらかじめシステムに組み込む。そのため、倉庫をつくり、部品や工具の予備を用意する。あるいは、すでに生産していないが、わずかに需要のある古い製品をストックしておく。在庫は情報によって管理し、連続した流れのなかの必要悪として扱う。

アメリカのメーカーがこのようなシステムの設計に入ったのは、原材料や部品の供給を日本のジャスト・イン・タイムで行なおうとしたときに経験した混乱が契機だった。しかしその混乱は、はじめから予測できたはずのものだった。

日本のシステムは、アメリカにはない日本特有の社会的、地理的状況のもとで構築されていた。ところがアメリカのメーカーには、些細な手順の問題にしか見えなかった。しかし、やがてアメリカのメーカーも、ジャスト・イン・タイムを導入するからには、工場を、原材料の受け入れに始まり、製品の出荷で終わるだけのものとして理解してはならないことを学んだ。工場は最終段階から逆にたどって設計すべきものであり、大きな流れの一環として管理すべきものだった。

専門家や経営者の何人かは、二〇〜三〇年も前からそのようなアプローチの必要を説いていた。しかも、それは石油精製や大規模建設業では実際に行なわれていたことだった。ところが欧米のほとんどの工場は、システムとして設計されず、管理されてもいなかった。そもそも工場をシステムとして運営していくために必要な情報をもつメーカーがなかった。

ジャスト・イン・タイムを導入するためには、工場のどの部分に余裕が必要か、どの部分で調整するか、あるいは、ある部分の遅れやリスクを最小化するには、他のどの部分で何を犠牲にするかなど、システム全体にかかわる問いに答えなければならなかった。

工場を越えて

今日では製造にかかわるシステムのコンセプトを、工場を越えて市場にまで広げるメーカーが現われた。たとえば、キャタピラーはいかなる補修用機材であっても、世界中へ四八時間以内に供給できるようにしている。そのようなメーカーはまだ例外である。しかし、間もなく一般化する。

製造を原材料を経済的満足に変えるプロセスとして定義するならば、製造プロセスは、製品が工場を出たときに終わるのではないことになる。物流やアフターサービスも、製造プロセスの一部であり、工場と融合し、調整し、管理しなければならない。すでに設計や生産の段階からアフターサービスを考慮しておくことは、広く認識されているところである。

こうして、このシステムとしての製造のコンセプトは、工場の設計や製造業のマネジメントに対し大きな影響を与える。これまで長い間、製造業ではエンジニアリング、製造、マーケティングなどの機能を連続的な段階として捉え、直列的に組織してきた。ところが今日では、新製品の構想段階から、それらの機能別部門の人間からなるチームを編成するようになっている。そのよい例がP&Gの製品別チームである。

製造をシステムとして捉えるならば、事業上のあらゆる意思決定が製造上の意思決定を意味することになる。したがって、あらゆる意思決定が製造上の要件と必要に応えるとともに、製造上のシステムの強みと能力を生かすものとならなければならない。

ホンダがアメリカ市場向けの高級車アキュラの製造を決定したとき、最大の問題はデザインでも性能でも価格でもなかった。既存のディーラー網に依存するか、それとも金をかけ、リスクをとってディーラー網をつくり、新しい市場セグメントをつくりあげるかという問題だった。まさにマーケティング上の問題だった。

ホンダはその意思決定を、設計、エンジニアリング、製造、マーケティングの人間からなるチームで行なった。こうしてディーラー網が新設された。製造上の考慮からだった。独立した販売サービス網をもったほうが製造上の能力を発揮できるからだった。

システムとしての製造を理解する

やがて、このようなシステムとしての製造のコンセプトが完全に実現する。もう一人のヘンリー・フォードが必要となるほどのことではない。だがそのためには、まったく新しい種類のマネジメントが必要となる。すべてのマネジャーがシステムとしての製造を熟知しなければならない。したがって、採用直後の数年間、新卒者をすべて工場で働かせるという日本のメーカーを見習う必要があるかもしれない。また、将校がときどき部隊勤務に戻るように、あらゆる者がときどき工場の任務につくべきかもしれない。

これからも、すべての中心は製造でありつづける。メーカーでは製造がすべてのものを賄い、すべてのものに報いるための経済的な価値を生み出す。したがって、システムとしての製造のコンセプトが与える最大の影響は、製造のプロセスそのものに対してではない。ＳＱＣのように、それは社会的、人間的な領域に対してである。たとえば昇進のシステムが変わる。あるいは、あらゆる者が機能別の専門家から、特定の役割を担いはするもののチームの一員へと変わる。

さらに、これからのメーカーを率いる者は、今日のアメリカのメーカーに見られるような、製造の知識や経験をもたない財務や、マーケティングや、法務の専門家ではなくなっていく。

四つのコンセプトの特性

これら四つのコンセプトは、それぞれに特徴をもつ。それぞれが工場を別の側面から捉える。SQCでは、工場は人間が働く場所である。新しい原価計算や小型艦隊（フレキシブル生産）のコンセプトでは、工場は仕事が行なわれる場所である。人間が仕事を行なおうが、はつかねずみやロボットが行なおうが関係はない。

システムとしての製造は、場所さえ意味しない。それは原材料に経済的な価値を付加するプロセス全体を意味する。それは、最終消費者にいたるプロセスの全体を理解してはじめて設計できる。これらのコンセプトは理論や意味論の世界の問題ではない。工場の規模、立地、設計を直接かつ現実に左右する。活動や投資額まで左右する。

そして、これら四つのコンセプトのそれぞれが、個別の行動を要求する。SQCにおいては思考の必要はない。実行しなければならない。原価計算においては分析しなければならない。フレキシブル生産においては仕事の流れを分析し、組織を再設計しなければならない。システムズ・アプローチにおいては徹底して考えなければならない。

全体は部分の総計ではない

これら四つのコンセプトのそれぞれが独自の道具と言語をもつ。しかし、共通するもののほうがはるかに重要である。それらのうち最も重要なものが、製造とは一つの総体、すなわち部分の総計を超えるものであるとの認識である。

かつてのコンセプトは工場を機械や作業の集合体として捉えていた。一九世紀の工場は機械の集合だった。テイラーの科学的管理法は、仕事を作業に分解した後、それらの作業を新しい仕事にまとめた。組立ラインと原価計算という二〇世紀の花形コンセプトは、個々の活動の総計をもって成果および原価とした。ところが四つの新しいコンセプトのうち、部分の働きに関心をもつものは一つとしてない。実際のところ、部分の働きは劣っていてよい。成果を出すものはプロセス全体である。

そこで当然、マネジメントそのものが変わっていく。たしかにSQCは伝統的なコンセプトに最も近い。仕事のかなりの部分は現場に移されるが、マネジメントの仕事はそれほど大きくは変わらない。しかし、これからは事業上の責任を担っていない者でさえ、工場の境界を越えて事業全体を考え、マネジメントしなければならなくなる。製造部門の者のすべてが、人、原材料、機械、時間の調和に責任をもたなければならなくなる。

製造のプロセスそのものに、エンジニアリング、人材管理、事業のマネジメントを組み入れるための体系を学び、実践しなければならない。意識はしていなくとも、すでにこれを行なっているメーカーは多い。ただし体系はまだ完成していない。工科大学やビジネススクールでも教えていない。

相乗効果という言葉は、いささか濫用気味である。しかし、まさにこれら四つのコンセプトこそ、ともに機能するとき、人と機械、時間と金、標準化と柔軟性、機能とシステムという二〇世紀の大量生産工場を悩ませてきた諸々の対立を相乗的に解決する。重要なことは、これら四つのコンセプトのすべてが生産性を成果として定義し、製造を原材料に経済的な価値を加えるプロセスとして見ているところにある。かくして、これら四つの新しいコンセプトが一体となって製造の新理論を形成することになる。

8章　技術をマネジメントする

技術を扱うニュースは、一世紀以上にわたって新聞の一面を飾ってきた。特に最近において著しい。だが話題にはするものの、技術についての理解も研究も十分にはなされてこなかった。ましてやマネジメントの努力などされなかった。経済学者、歴史学者、社会学者は技術の重要性を強調する。しかし結局のところ、馬鹿にしないまでも敬して遠ざけていた。もっと驚くことに、企業とそのマネジメントも、技術の理解のためには何もしてこなかった。技術のマネジメントのためには、さらに何もしてこなかった。

近代企業は、いわば技術の産物である。特に大企業は、技術の発展に対応して生まれ育った組織だった。そもそも近代産業が誕生したのは、動力技術によって製造のための活動が家を離れ、工場という一つの屋根の下に集められたからだった。それは一八世紀のイギリスの繊維工場から始まった。そして今日の大企業のルーツは、最初の大企業である一九世紀半ばの鉄道、つまり当時の技術的イノベーションだった。それ以降、今日のコンピュータメーカーや製薬会社にいたる成長産業のほとんどが、それぞれの時代の新技術による産物だった。

それどころか、やがて企業が新技術を生み出すようになった。技術的イノベーションのますます多くが企業研究所で生まれるようになり、企業で実用化されるようになった。技術は、イノベーションとして社会的に有効なものとなるうえで、ますます企業に頼るようになった。

技術とは機会であり責任である

ところが企業のマネジメントのきわめて多くが、技術を本質的に把握不能なものとしている。技術にかかわる活動は、組織上もマネジメント上も、事業上の他の活動とは別種の、事業ならざる活動、すなわち研究開発活動として組織している。しかも企業のマネジメントは、技術の保護者を任ずることも、技術のもたらす影響に関心をもつこともないままでいる。

しかしそのようなことは、もはや通用しないことを知らなければならない。マネジメントにある者は、技術がマネジメント上の機会であり、かつ責任であることを認識しなければならない。このことは具体的には次の三つを意味する。

第一に、技術は神秘的なものでも予期できないものでもない。合理的に予期することは可能であり、そうすることが必要である。われわれは技術のダイナミクスを理解しなければならない。少なくとも技術がどこに大きな影響を及ぼすか、いかにして経済的な成果に結実するかを知らなければならない。

第二に、技術は事業活動と別種の活動ではない。そもそも事業と別のものとしてしまったら、マネジメントはできない。研究開発部や企業研究所にいかなる役割を与えようとも、企業そのものをイノベーションのためのものとして組織し、イノベーションを行なわなければならない。イノベーションのためには、企業そのものの構造、経営政策、姿勢を変えなければならない。

第三に、技術が個人、社会、経済に与える副次的な影響を重視しなければならない。これは社会で起きていることについての責任、つまり社会的責任ではない。みずからが社会に与える影響についての責任である。あらゆる者が、みずからの与える影響について責任をもたなければならない。

最近、技術への幻滅がいわれている。はじめてのことではない。一八世紀中頃からほぼ五〇年ごとにいわれてきた。しかし確実にいえることは、今後技術はさらに重要になり、さらに変化するということである。エネルギー危機、環境問題、都市問題の解決のためである。

これからは、ちょうど一九世紀半ばから第一次大戦までの六〇年間の発明時代に匹敵する技術の変化の時代がやってくる。一八五六年のパーキンによるアニリン染料の発明とジーメンスによる最初の実用的発電機の設計に始まり、一九〇四年の真空管の発明とそれにともなう現代電子工学の誕生によって終わったあの時代にこそ、今日のモダンが花開き、明日のポストモダンが用意されたのだった。

あの発明の時代には、平均して一五カ月から一八カ月ごとに大発明が行なわれ、踵を接して、その発明を基盤とする新産業が起こった。これからは、精緻化と改善の時代にすぎなかった第一次大戦後の五〇年間よりも、この一九世紀後半に似た時代となる。

技術に対して昨日までの態度をとりつづけるならば、すなわち技術は予期できないもの、事業は他の者が責任をもつべきものという態度をとりつづけるならば、技術はおそるべき脅威となる。これに対し技術こそ道具であり責任であるとするならば、技術は大きな機会となる。

技術を予期する

技術は把握できないとする考えは、もはや時代遅れである。まさにこの考えが技術に対する恐怖をもたらす。発明は予期したり計画したりできないとする考えも、また間違いである。

エジソン、ジーメンス、ライト兄弟など一九世紀の発明家が偉大だったのは、まさに技術を予期し、その実現に必要なものを明らかにし、最大の技術的な成果と最大の経済的な成果をもたらす方法を知っていたからである。

特にイノベーションについては、予期すること、計画することが重要であって、かつ必須である。マネジメントが関心をもつべきものは、発明ではなくイノベーションである。イノベーションとは社会用語であり、経済用語であって技術用語ではない。イノベーションとは、物事を新しい方法で行なうことによって資源のもつ富の創出能力を増大させることである。イノベーションは、たとえ発明から生まれることが多くとも、発明と同義ではない。それは経済的な能力の増大を意味する。資源を生み、資源を利用することである。したがって、イノベーションこそ企業の仕事である。

技術を予期することが容易だというのではない。事実、技術にかかわる予言は役に立たず、まったく的外れな方向に導くおそれがある。

予言の的中率のゆえに、フランスのSF作家ジュール・ベルヌの名は今日も残っている。ただし、一九世紀後半のSFブーム時にはSF作家が何百人といたが、ベルヌに劣らぬ人気を誇っていた作家をはじめとして、ベルヌ以外の二九九人の予言はまったく間違っていた。しかもさらに重要なこととして、ベルヌの予言さえ当時は何の役にも立たなかった。予言した技術を裏づける科学的な基盤が存在せず、それが現われるには長い年月を要した。

企業にとっても、また経済学者や政治家にとっても、重要なことは予言することではなく行動することである。行動を予言のうえに築くことはできない。

しかし、技術を予期することはできる。現在の企業、産業、経済、市場を分析し、技術の変化がどこで必要とされ、どこで経済的成果をもたらすかを見出すことは、簡単ではないが困難なことではない。新技術がいかなる分野で生まれうるかを明らかにすることさえ、容易ではないが不可能ではない。

イノベーションの機会

まずいえることは、需要が増大しているにもかかわらず利益があがらなければ、技術の変化が必要であり、かつその機会があるということである。確実にいえることは、今日の技術が不十分、不経済、かつ不適当であるということである。

そのような産業の典型が、第二次大戦後の鉄鋼業と製紙業だった。それらの産業では、工程の小さな変化が収益性に大きな変化をもたらす。それらの産業は技術の変化にきわめて敏感な産業である。したがって、そこには工程上、経済的あるいは技術的な欠陥、またはその双方があると見てよい。

われわれは同じように、新技術に機会をもたらす欠陥や制約を市場に見出すことができる。「市場のニーズのうち、現在の技術や事業が満たしていないものは何か」というマーケティング上の問題意識が、いかなる技術が大きな経済的成果をもたらすかを明らかにする。

さらには、「業界ではいかなる事態が恐れられているか。今は起こりえないこととしているが、やがては起こるであろうし、もし起これば大変であるとみなが知っていることは何か。製品、技術、その他市場と顧客に提供しているもののうち適切でなく、十分役に立っていないものは何か」を問わなければならない。

これらの問題提起に対する典型的な反応が、問題の存在自体を条件反射的に否定することである。しかし、事業や社会のために技術を活用しようというのであれば、これらの問題提起は真剣に受けとめなければならない。必ずしも新技術が求められているわけではない。新しい市場や流通チャネルへの移行で十分な場合もある。しかし、これらの問題提起を受けとめなければ、機会を逃すどころか機会を脅威と見誤ることにもなる。

このことは、市場のニーズだけでなく社会のニーズについてもいえる。結局のところ、企業の機能とは、消費者と社会のニーズを企業の機会に変えることにある。それらのニーズを把握し、満たすことが企業の役割である。都市問題、環境問題、エネルギー問題のいずれであれ、すべてが新技術をもたらすべき機会であり、かつ既存の技術を生かすべき機会である。

またその際、急速に陳腐化しつつあるみずからの製品、プロセス、サービスに代わるものを開発していくという事業上のニーズ、すなわち今日を変えるというニーズにも取り組まなければならない。今日行なっているものは、すべて急速に陳腐化するとの前提からスタートしなければならない。今日の製品、プロセス、技術の有効期間は限られ、しかもきわめて短いと仮定しなければならない。

次に、新製品や新プロセスが二年後、五年後、一〇年後にあげるべき売上量を決めなければならない。そして、そのために必要な技術上の成果を明らかにしなければならない。加えて、必要な活動の種類を明らかにしなければならない。こうしてはじめて、今日の製品やプロセスがなぜ陳腐化するのか、したがって何が必要なのかを明らかにすることができる。

技術を予期し、何が必要で何が可能かを知り、何が生産的かを明らかにするには、技術のダイナミクスを理解しなければならない。技術を神秘とすることは間違いである。それはかなり定型的かつ予測可能なトレンドとして捉えることができる。しかし技術は、しばしば誤解されているような科学そのものではない。科学の応用ですらない。それは科学に限ることなくあらゆる種類の新知識の応用から始まる。

リードタイムの長さ

技術は昔に比べて、稲妻のように進歩するようになったとされる。証拠はない。新知識は直ちに新技術に応用されるようになったともいわれる。これも正しくはない。一八世紀以前とはいわないまでも、一九世紀よりも今日のほうが新知識、特に科学上の新知識が技術に結びつくのに時間を要している。今もリードタイムがある。そのリードタイムはかなり長い。

ジーメンスが実用発電機を設計してから、エジソンが電球を開発し、電力産業を可能にするまで二〇年余を要した。一九四〇年代に実用コンピュータが設計されてからコンピュータが普及するまでにも、同程度の期間あるいはそれ以上を要した。ソフトウェアの開発には、さらに長い年月を要した。ソフトウェアがなければ、コンピュータは富の生産者どころかコストセンターにすぎない。

例をあげれば切りがない。新知識を技術に結実させるまでのリードタイムは産業によって異なる。製薬業は比較的短い。しかしその製薬業ですら、一〇カ月よりは一〇年に近い。リードタイムは産業ごとにほぼ決まっているかにさえ思われる。

短くなったのは、新技術が市場に導入されてから普及するまでの期間である。リーダーの地位を築くまでに要する時間も短くなった。しかしそれらについても、リードタイムは考えられているほど劇的に短くなったわけではない。

一八八〇年代の電球と電話の場合は、技術的な発明と、その世界的な普及までのリードタイムはわずか数カ月だった。エジソンが記者を招いて電球を紹介した五年後には、今日の大電機メーカーのすべてが設立され、事業を行ない、それぞれの市場でリーダーになっていた。遅れて入ってきたのはオランダのフィリップスだけだった。

エントロピーの法則を破る

必要な新知識を知り、そのもたらす影響を考え、新技術、新製品、新プロセスに変えることが企業の役割である。したがって、マネジメントたる者は、みずからの専門分野を越えなければならない。重要なイノベーションは、馴染みのない分野で起こる。この意味において、研究開発に対する典型的なアプローチ、すなわち熟知した分野に特化したアプローチは、技術のリーダーシップを握るうえでむしろ障害である。

つまるところ、今日必要とされているのは、テクノロジストであって科学者ではない。しかも専門外の者、特に科学技術に優れた感性をもち、知的好奇心が旺盛な専門外の者のほうが、みずからの知識の虜となりがちな専門家よりも優れた仕事をする。

さらにいうならば、必ずしもマネジメントにある者自身がテクノロジストである必要もない。マネジメントの役割は技術をマネジメントすることである。しかしそのためには、技術のプロセスとダイナミクスを理解しなければならない。明日の技術を予期し、今日の技術が急速に陳腐化することを受け入れなければならない。さらには、自分の弱みや制約から、あるいは市場や社会のニーズから、新技術へのニーズと機会を見つけなければならない。そして何よりも、技術をもって機会とし、その発見と開拓こそ自分の仕事であることを認めなければならない。

これからは、かつてなかったほどイノベーションと技術変化が必要となる。しかしながら、その仕事のほとんどは一九世紀とは異なり、既存の組織、特に既存の企業によって行なわれなければならない。

大企業がイノベーションを独占するとの考えは間違いである。中小企業や、ときとしてまったく無名の企業が、かなり大きなイノベーションをもたらすことがある。ゼロックスは一九五〇年にいたってなお、小さな紙屋にすぎなかった。IBMさえ第二次大戦まで事務機業界でも小さな存在にすぎなかった。大手製薬会社のほとんどが、第二次大戦が終わった頃には中小企業であるか、あるいは存在さえしていなかった。

しかし今や、技術変化の中心は開発段階と市場への導入段階にある。これには天才は必要ない。必要なのは、大量の有能な人材と大量の資金である。いずれも既存の組織が手にしているものである。すなわち、既存の企業こそがイノベーションを行なわなければならない。この数十年、われわれはすでに知り理解しているものをマネジメントすることに力を入れてきた。なぜなら、二〇世紀におけるイノベーションと経済的変化のペースは、一般に考えられているのとは逆に、おそろしくスローだったからである。

今日、企業はふたたび起業家となる必要がある。そして、起業家たる者の機能は、大陸ヨーロッパ最初の偉大な経済学者ジャン＝バティスト・セイがはっきり見たように、資源を生産性の高い分野へ移すことにある。新大陸の発見によってではなく、資源と経済的機会の新利用によって富を創造することにある。技術は、そのための唯一の道具ではないものの重要な手段であり、しかも最も重要な手段といってよい。

したがって、企業の最大の役割は、経済にかかわるエントロピーの法則を打ち破ることにある。カール・マルクスがブルジョア資本主義の崩壊を必然とした前提が、この法則だった。実際には、資本の生産性は下がるどころか着実に上昇した。しかし、カール・マルクスが前提としたこと自体は正しかった。いかなる経済といえども、放置しておくならば、資本の生産性は確実に逓減に向かっていく。

これを防ぐ唯一の方法、すなわち不毛の硬直化を防ぐ唯一の方法が、起業家精神による資本の生産性の不断の向上である。資源を生産性の高い分野に移していくことである。それゆえ、技術的に高度な社会や経済であるほど、技術の果たす役割は重要となる。

これからの時代においては、政治的、社会的、経済的構造のいかんを問わず、つまり資本主義、社会主義、共産主義、あるいは他のいずれの体制にかかわらず、人口問題、エネルギー問題、資源問題、都市問題が大きな問題となっていく。そのとき、資源の生産性の向上が決定的に重要となる。

イノベーションの手順

そのためにはイノベーションを行なう組織を構築し、マネジメントすることを知らなければならない。通常イノベーションについては、組織の創造性や姿勢の問題が取り上げられる。だが実際に必要とされるものは、経営政策、仕組み、構造である。

第一に、技術的なニーズを予期し、識別し、計画し、行動しなければならない。

第二に、さらに重要なこととして、昨日を体系的に廃棄していかなければならない。だいたいにおいて、創造性なる言葉は何もしないことの言い訳である。イノベーションや自己革新ができない組織に共通する問題が、古いもの、老朽化したもの、もはや生産的でないものを捨てられないことである。それどころか、それらのものに最高の資源、特に優れた人材を投入していることである。

老廃物を排泄できない身体は、みずから毒を仰いでいるに等しい。イノベーションを行なえるようにするうえで必要なことは、もはや生産的でなく、もはや貢献できないものを組織的に廃棄することである。

イノベーションを行なうには、すべての製品、プロセス、活動を二、三年ごとに死刑の裁判にかけなければならない。もし今手がけていなかったとして、かつ今知っていることを知っていて、なおかつ今これを手がけるかを問わなければならない。もし答えがノーならば廃棄すべきかなどと考えてはならない。どのようにすれば廃棄できるか、どのくらい早く廃棄できるかを問わなければならない。

企業、大学、政府機関のいずれであれ、昨日を組織的に捨てることのできる組織は、創造性など気にする必要はない。組織全体が新しいものに貪欲になるため、マネジメントの仕事は、数ある優れたアイデアのなかから最も貢献し、最も成功しそうなものを選び出すこととなるからである。

第三に、イノベーションのための具体的な経営政策をもたなければならない。特にイノベーションのための評価システムをもたなければならない。通常の投資収益率はイノベーションの評価基準としてふさわしくない。イノベーションは何年もコストをかけた後、突然利益を生む。最初は投資だけであり、利益はかなり経ってからのことである。

このことは、目標とすべきイノベーションの収益率を高くしなければならないことを意味する。リードタイムが長く失敗率が高いがゆえに、成功した暁には、何か多少のものをもたらすのではなく膨大な富をもたらさなければならない。

第四に、イノベーションのための仕事は、今日や明朝の仕事を担当する組織においてはならない。既存の事業とは別に組織し、別の経営政策を適用しなければならない。特にイノベーションのための組織では、自己規律と方向性の明確化が重要である。形のうえでは全事業の一部であっても、構造上、マネジメント上は独立させなければならない。

すでに知られているものをマネジメントする一方で、未知のものをつくりだしていかなければならない。既存の事業を最適化する一方で、明日の事業を最大化していかなければならない。

これは、ほとんどのマネジメントにとって新奇かつ恐ろしいことである。だが、そのような仕事が可能であることを示す企業は世界中いたるところにある。まず必要なことは、イノベーションを行なう組織というものは、従来の組織とははっきり異なるという認識をもつことである。その認識こそ、これまでのマネジメントの念頭になかったものであり、経営学の教科書にもなかったものである。

影響への責任

みずからの行動が与える影響に対しては誰でも責任がある。これは最古の法の原則である。当然、これは技術にも適用される。

今日、社会的責任について多くのことがいわれている。しかし第一に考えるべきは、社会が行なったことについての責任ではなく、みずからが行なったことに対する責任である。したがって、技術は、マネジメントがみずからの行為の社会的影響について担うべき責任の一環として捉えなければならない。

副次的な影響、つまり製品やプロセスの本来の機能ではないが、必然的あるいは偶発的に、意図とは無関係に、意図した貢献ともかかわりなく、まさに追加コストとして発生する影響が問題である。売れる製品にならない副産物は、すべて無駄でありコストである。

社会的な影響に比べるならば、技術的な影響はたいしたことはないといえるかもしれない。しかし、それは現実に発生するものである。したがって、マネジメントたる者は、技術がもたらす影響についてみずからの責任が何であり、それをいかに果たすべきかを考え抜かなければならない。

新技術が実際に使われる前にその影響を予測するという「テクノロジー・アセスメント（技術評価）」

なるものに関心が集まってきている。アメリカの下院はテクノロジー・アセスメント局なる機関まで創設した。この機関は、いかなる新技術が重要になるか、長期的にいかなる影響をもたらすかを予測することになっている。政府に対し、いかなる新技術を推進し、いかなる新技術を抑制すべきかを提言するものとされている。

テクノロジー・アセスメントは失敗する

しかし、こうした試みは失敗に終わる。テクノロジー・アセスメントは間違った技術を推進し、必要な技術を抑制するおそれが大きい。新技術が与える将来の影響は、ほとんど常に想像力の及ばないものだからである。

ＤＤＴがよい例だった。それは第二次大戦中、特に熱帯で兵士を害虫から守るために開発された。もちろん害虫から一般市民を守るために、この化学物質を使うことを考えた科学者はいた。しかし開発に携わった者のなかに、穀物、森林、家畜を害虫から守るために使うことを考えた者は一人もいなかった。

もし使用を当初の開発目的、すなわち人を守ることに限定していたならば、ＤＤＴも環境を破壊するにはいたらなかったはずである。ＤＤＴが人のために使われた量は、それが最も使われた一九六〇年代半ばで総使用量の五～一〇パーセントだった。しかし、人にとっての害虫を殺せるものならば、植物にとっての害虫も殺せるはずと考えた農民や林業者が環境に大攻勢をかけた。

もう一つの例が途上国における人口爆発である。ここでもＤＤＴその他の殺虫剤が一つの原因となった。抗生物質も原因となった。この二つは互いに関係なく開発されていた。いずれの技術をアセスメントしても、人口爆発に収れんするとは予測できなかった。事実、そのような予測はなかった。

そのうえ、人口爆発をもたらした幼児死亡率の激減の最大の原因は、最も注意の払われなかった大昔からの二つの技術だった。一つは、トイレと井戸を離すという、マケドニアではアレキサンダー大王以前に知られていた公衆衛生の初歩だった。もう一つは、一八六〇年頃にアメリカで誰かが発明した網戸だった。この二つの技術が第二次大戦後、急速に熱帯の村落に普及した。途上国の人口爆発の主たる原因となったものが、この二つの技術だった。

外れる予言

いわゆる専門家の予言する技術的な影響はほとんど起こらない。

その例の一つが、第二次大戦直後に予測された自家用小型機ブームだった。自家用小型機が、かつてのT型自動車のように普及するとされた。都市計画家、建築家、諸々の技術者が、ニューヨーク市に対し、第二のリンカーン・トンネルや第二のジョージ・ワシントン橋は手がけず、ハドソン河西岸に飛行場を無数につくることを提案した。

しかし、このテクノロジー・アセスメントが誤りであることを示すには、初歩的な算数で十分なはずだった。そもそも自家用小型機による通勤を可能にする空間がなかった。そのように簡単なことが専門家には思い浮かばなかった。空間がどれほど有限かがわからなかった。

ところがこれと逆に、ジェット機が開発されたとき、その後の民間航空の成長と大量航空輸送の実現を予測した専門家がほとんどいなかった。大西洋横断旅行の増大は予測されていたが、それは船によるものと考えられた。当時は大西洋沿岸の諸国が、こぞって豪華客船の建造に補助金を出していた。ところが肝心の旅行客は、客船からジェット機に乗り換えていっていた。

その数年後、われわれはオートメーションが経済的社会的に大きな影響をもたらすといわれた。だが、そうはならなかった。

コンピュータの例はもっと変だった。一九四〇年代後半には、コンピュータが企業や政府機関で使われることを誰も予想しなかった。重大な科学革命として、科学計算と軍事目的に使われると予測していた。その結果、当時行なわれた最も大がかりな市場調査でも、世界のコンピュータ市場は西暦二〇〇〇年の一〇〇〇台で頭打ちと結論されていた。しかし、わずか二〇年後には一五万台となり、そのほとんどが最も日常的な仕事、つまり帳簿づけに使われた。

さらに数年後、給料の支払いにコンピュータが使われるようになったとき、専門家たちはコンピュータがミドルマネジメントに代わり、したがって社長と職長の間には誰もいなくなると予測した。一九五〇年代はじめには、あの高名な「ハーバード・ビジネス・レビュー」誌が、ミドルは時代遅れになるかと題する論文を掲載した。その論文は、これに高らかにイエスと答えていた。ところがまさにその頃、ミドルの仕事が急速に膨張を始めた。あらゆる先進国で、ミドルの雇用は総雇用の伸び率の三倍で伸びた。それはほぼコンピュータの普及に比例していた。

一九五〇年代の初頭に、テクノロジー・アセスメントを信頼していたならば、ビジネススクールは仕事のないMBAを送り出すだけのものとして廃止されていたにちがいない。幸いにも若者は耳を貸さずビジネススクールに殺到し、コンピュータのもたらしたよい仕事についた。

逆に専門家たちは、コンピュータが企業戦略、経営政策、プランニングなどトップマネジメントの仕事に重大な影響を与えると予測した。しかし、コンピュータはそれらのいずれにも影響を与えなかった。

予測のむずかしさ

これらのことは、人に予言する力がないというだけのことではない。技術の影響は、他のこと以上に予言がむずかしいということである。

人口爆発の例が示すように、社会的、経済的な影響というものは多くの要因の相乗効果による。それらの要因は、必ずしも技術にかかわるものとは限らない。しかも要因の一つひとつに原因があり、経緯があり、ダイナミクスがある。疫学の専門家は植物の伝染病には思いが及ばない。抗生物質の専門家は病気の治療にしか関心を寄せない。そのうえ出生率の爆発は、主として昔から知られている公衆衛生上の初歩的な処置に最大の原因があった。

同じように重要なこととして、いかなる技術が重要な意味をもち、重大な影響をもつにいたるか、逆にいかなる技術が空飛ぶT型自動車のように消え去り、オートメーションのようにさしたる影響をもたらさないかを予測することはできない。いかなる技術が社会的な影響をもち、いかなる技術が技術だけの世界にとどまるかは、さらに予測がむずかしい。

技術の最も優れた予言者ジュール・ベルヌは、二〇世紀の技術のかなりの部分を予言した。しかし、彼は社会的経済的影響についてはまったく予想せず、ヴィクトリア女王時代の社会と経済がそのまま続くと予測していた。他方、経済や社会の予言者たちは、技術の予言については惨憺たる成績しか残さなかった。

したがって、新設のテクノロジー・アセスメント局がもたらす唯一の結果は、大勢の五流のSF作家に仕事を保証することぐらいである。

必要なものはテクノロジー・モニタリング

テクノロジー・アセスメントにともなう最大の危険は、新技術の影響を予測できると誤解することである。なぜなら、技術というものはプラスと同時にマイナスの影響をもつからである。それらの影響の全貌を知るには、予測は無用である。

ある技術に実用化のメドが立ったならば、必要なことは、その技術の影響をモニタリングすることである。一九四八年当時、コンピュータの影響を見通せる者はいないに等しかった。それは、五、六年たって知ることができるようになり、実際に知るところとなった。そのときはじめて、技術的にはどうであれ、社会的、経済的にはコンピュータは脅威ではないということができるようになった。

一九四三年には、誰もＤＤＴの影響を予測できなかった。それは、一〇年後に世界中の農民、林業者、畜産業者の道具となり、生態系破壊の原因となった。直ちに、いかなる措置をとるべきかを検討し、ＤＤＴほど環境に悪影響を与えない殺虫剤の開発を急ぎ、食糧生産と環境破壊のトレードオフというむずかしい問題を検討しておかなければならなかった。そうすれば、その答えは、ＤＤＴの無制限な使用でも、今日のような全面禁止でもなかったにちがいない。

テクノロジー・モニタリング（技術観察）こそ必要である。それは予測ではない。新技術についての予測はどうしても賭になる。間違った技術を奨励したり、最も恩恵をもたらす技術を抑制する危険が常にある。したがって、発展途上の技術についてはモニタリングが必要である。つまり、観察し、評価し、判定していかなければならない。それら発展途上の技術の影響をモニタリングすることこそ、マネジメントの責任である。

しかし影響が明らかになったならば、次に何をなすべきか。理想は影響の除去である。影響を少なくするほど、内部コスト、外部コスト、社会的コストのいずれであれ、それだけ発生するコストが少なくなる。理想的には、そのような影響の除去をもって事業上の機会に転化することである。

規制を働きかける

影響の除去をもって事業上の機会とすることができれば、問題は消滅する。問題は転じて機会となり、企業とそのマネジメントが報酬を得るにふさわしい貢献となる。しかし、もしそれが実現できないのであれば、なすべきことは、いかなる種類の規制が適切かを検討することである。これを企業は経験から学びとっているはずである。遅かれ早かれ、その影響は社会にとって耐えがたいものとなる。

広報部門が、世論は影響など気にせず、むしろ否定的な反応を示すだけだろうと報告してきても、惑わされてはならない。遅かれ早かれ問題にされる。問題の発生を予期し、正しい対策、すなわち正しい規制を見出そうとしなければ、やがて非難され、罰を受けることになる。当然である。

現時点では、やがて問題にされるかどうかも明らかではない。問題にされると断言できたほうが行動はとりやすい。しかし、問題は明らかではない。もし二〇年前、電力会社が大気汚染対策のための行動をとったならば、消費者から電力料金の値上げを目論む公衆の敵として攻撃されたにちがいない。事実、かつて電力会社のほうから大気汚染問題について問題を提起された規制機関が示した態度がそうだった。

一九五〇年代のはじめ、フォードは安全ベルトを導入して市場を失った。製薬会社が新薬の処方に但し書きをつけすぎるならば、医師たちからは嫌味をいわれるのが落ちである。これらの例は広報的な視点の限界を教える。影響を無視し、誰も気にかけないことをよしとする態度は、遠からずしてみずからを罰する結果になる。その罰は、業界の自己規制という不人気なことを行なったときの罰よりもはるかに重い。

テクノロジー・モニタリングにおいては、影響、特に予期せぬ影響を識別するための早期警戒システムを構築しなければならない。そして、それらの影響を除去すべく働かなければならない。

繰り返すならば、最善の方法は、影響の除去をもって利益のあがる事業上の機会とすることである。それが不可能であるならば、必要な公的規制を検討し、その施行について世論、政府、業界、関係者の理解を得なければならない。さもなければ、代償は高くつく。やがてポスト資本主義社会の中心的な問題の解決に不可欠な技術さえ、激しい抵抗を受けることになる。

技術を無視した経済学

もはやマネジメントにとって、技術はかつてのようなシンデレラではない。最愛の花嫁となるか、いじわるな継母となるかはわからない。いずれの道をたどるかは、マネジメントの意欲と能力にかかっている。

しかも技術がいずれの道をたどるかによって、企業がたどる道が決まる。企業は新技術を必要としているからである。それは、一方において大きなイノベーションであり、一方において経済的に重要な技術進歩、しかもあまり新聞の見出しにはならないカイゼンである。

もし企業がこれらのいずれも行なえないということになれば、企業に代わるものが現われるであろうし、またそのほうがよいことになる。もはや技術のマネジメントは、研究室の研究者に任せておく補完的な仕事ではない。それはマネジメントにとって中心的な仕事である。

あらゆる学問体系に共通する技術への無関心と研究の欠如には理解しがたいものがある。その状況は、ここに若干の解説を加えるに値する。

一九世紀の経済学は技術の重要性を説きながら、敬意を払う以上のことはしなかった。技術をもって、地震、バッタの大発生、天候不順と同類の外的要因なる辺境の地に追放し、したがって理解しがたく、予測できず、取り上げるに値しないものとした。技術に言及するのは、理論モデルに合わない現象を説明するときだけだった。理論モデルそのものに組み込むことはなかった。二〇世紀のケインズ経済学者にいたっては、技術に対し一九世紀の経済学者ほどの敬意すら払わなかった。まったく無視した。

もちろん一流の経済学者のなかには例外もいた。オーストリア生まれのアメリカの経済学者ジョセフ・シュンペーターは、経済発展のダイナミクスについての最初の最も有名な著作のなかで、みずからの経済理論の中心にイノベーターを据えた。彼のいうイノベーターは、主として技術のイノベーターだった。しかし、シュンペーターを継ぐ者はあまりいなかった。今日の経済学者のなかでは、わずかにコロラド大学のケネス・ボールディングが技術に注目していた程度である。

ケインズ派、ネオケインズ派、フリードマン派を問わず、今日の主な経済学派は、アダム・スミス以前の重商主義経済学派と同じように技術を無視する。しかも彼らの技術無視の根拠は、はるかに薄弱である。

歴史家と社会学者の態度

ところが歴史家は、この経済学者ほどにも技術に注意を払っていない。技術は人文学者が関心をもつには値しないとしているかのようである。経済史家さえ、ごく最近まで技術を無視してきた。技術が歴史家の研究テーマとなったのは、ルイス・マンフォードの『技術と文明』（一九三四年）が最初だった。

技術史の体系的な研究は、その二五年後、イギリスで発行されたチャールズ・シンガー編『技術の歴史』、およびそのすぐ後の一九五八年のアメリカ技術史学会の設立と、その機関誌「技術と文化」誌の発刊まで待たなければならなかった。

その後、技術と歴史との関係を論じたのは、最初の技術史の教科書であるメルヴィン・クランツバーグとカロル・W・パーセル・ジュニア編の『二〇世紀の技術』（一九六七年）、および拙著『技術、マネジメント、社会』（一九七〇年）だった。

カリフォルニアの中世史家リン・ホワイト・ジュニアは、技術変化が社会と経済に与える影響について、『中世の技術と社会革命』（一九六二年）で先駆的な研究成果を発表した。そして、技術史を経済史と統合することに成功した唯一の試みが、ハーバード大学の経済史家デイヴィッド・S・ランデスの『西ヨーロッパ工業史』（一九六九年）だった。

はるかに困惑させられるのが社会学者の態度だった。技術という言葉は一七世紀までさかのぼるものの、社会学の用語として使われるようになったのは一八世紀末だった。一七九五年創立の最初の技術大学をエコール・ポリテクニーク（工科大学校）と名づけたことは、技術が社会と社会構造にとって重要な存在であることを認める一つの宣言だった。

事実、社会学の父たち、特にフランスの偉大な社会学者サン＝シモンとオーギュスト・コントは、技術をもって社会を解放する力と見た。マルクスも当初は同じ見方だった。しかし、やがて彼は技術を二義的な世界へ追放した。それ以降、社会学者のほとんどが、マルクスと同じように、所有関係、血縁関係、その他技術以外の関係を重視するようになった。

マックス・ウェーバーからマルクーゼ、あるいはレヴィ＝ブリュールからレヴィ＝ストロース、タルコット・パーソンズにいたるマルクス以降の社会学でも、技術についてはほとんど触れなかった。技術は、社会学からすればまったく存在しないか、身元不明の与太者扱いである。

言い換えれば、あらゆる学問体系が、人間の仕事としての技術、人間なる生物の肉体的機能の延長、人間なるものの知的な歴史と知的な成果、さらには自然環境に重大な影響を与える人間の所産としての技術について、まだ研究にさえ着手していない段階にある。しかし、企業は学者の成果を待っているわけにはいかない。今日、技術をマネジメントしなければならない。

Part 3

イノベーションの方法論

9章　方法論としての起業家精神

第一次大戦前の五〇年間は発明の時代とされてきた。それは起業家の時代といってよかった。当時の発明家は、自分の発明をみずから事業に発展させた。今日の大企業の基礎がこうして築かれた。

当時といえども、既存の事業をマネジメントする能力は必要だった。マネジメントの能力がなければ、いかなる大発明家も成功しなかった。しかし当時において、何より必要とされたものは起業家精神、すなわち新しいもの、今までとはまったく異なるものを創造する能力だった。

歴史は螺旋状に動く

ところが第一次大戦後の五〇年間は、マネジメントの能力が起業家としての能力よりも意味をもつようになった。それは、起業家精神が欠けていたためでも、機会がなくなったためでもなかった。逆だった。特に第二次大戦直後には、多くの新事業がスタートした。それらの新事業の多くが成長し、今日のIBMやゼロックス、あるいは大製薬会社へと育っていった。だが、その間主として必要とされたものは、計画したことを行なうために組織をマネジメントする能力、すなわちすでに知られていることを行なう能力だった。

今日、ふたたびわれわれは起業家精神が強調されるべき時代を迎えている。ただし、それは一世紀前のような、一人の人間がみずからマネジメントする起業家精神とは異なる。それは新しいことのために組織をつくり方向を定める能力である。今日必要とされているものは、過去五〇年間に培ったマネジメントの能力の基盤のうえに、起業家精神のための新しい構造をつくることである。

歴史は循環する。しかし、元の位置、昔の問題に戻ったかに見えても、内容の次元はより高度になっている。歴史は螺旋状に動く。起業家精神も、個人の起業家の段階からマネジメントの段階を経た後、組織を使った高次の起業家精神の段階へといたった。これからの企業は起業家としての能力を必要とする。だがその起業家精神は、日常のマネジメントが行なわれている既存の組織、しかも複雑な大組織において発揮されなければならない。

企業は技術のダイナミクスを理解し、その変化の方向と速度を予期することを学ばなければならない。もちろん、新技術が既存の経済活動の外部にいる個人の発明家のもとにとどまるのであれば、そのような理解も必要はない。だがこれからの経済が、イノベーションと変革の時代を迎えるのであれば、既存の組織に働く者が技術の変化を予期し、それがもたらす機会を利用することができなければならない。

まず、いかなる変化が、いつ起きるかを知らなければならない。もちろんそのようなことは予期できない。しかし、いかなる変化が起こりうるか、それらのうちいずれが大きな影響をもたらし、新産業を生み出しうるか、さらには、いかなる変化が間近に起こりうるかについては、かなりの程度知ることができる。技術のダイナミクスはさほど不思議なものではない。

経済的な機会

技術の変化を知るための、第一の、しかも最も容易な方法は、経済的な機会の存在を知ることである。必要は発明の母ではない。だが助産婦ではある。

機会の存在を示す指標としては、経済学者には一世紀以上前から知られている資本の生産性の低下がある。同一の生産を上げるのにより多くの資本を必要とするようになったとき、特に資本の増加が労働力の減少によって相殺されなくなったとき、その産業は下り坂となる。いかに繁栄し、利益を上げているように見えても衰退していく。

新技術は、命令によって生まれない。労働力と資本を投じても、それだけでは成果は期待できない。新技術は人の力によってのみ実を結ぶ。だが実際には、変化をもたらすために最高の頭脳を投入することはめったにない。昨日を延命させるためだけの絶望的な試みに浪費してしまう。しかし、まさにそのようなとき、その産業の外部にいる創造的な人たちが機会を見つけ、動きだす。そして直ちに大きな変化をもたらす。

第二次大戦前から、鉄鋼業界の外部にいるエコノミストは、製鉄のプロセスを変える必要を認識していた。鉄鋼業界のなかにいる者よりも明確に認識していた。馴染みのものにとらわれた内部の者よりも、外部にいる者のほうが産業の弱みを認識する。それが具体的にいかなるものでありうるかを知らなくとも、加熱と冷却の必要のないものにできれば、少しでもそうできれば、製鉄の経済が一新されることは明らかだった。

同じように、第二次大戦前でさえ、貨物船の生産性の低さを見るならば、起こるであろう技術の変化を予期することができた。貨物船の積み下ろしはフェニキアの時代以来、少しも進歩していなかった。一九三〇年代あるいは四〇年代のはじめにいたっても、誰も今日のコンテナ船や兵站艇のコンセプトを思いつかなかった。しかし当時、原油や鉄鉱石や穀物同様に積み下ろしできれば大きな経済的効果をもたらすであろうことは、すでに予期されてしかるべきだった。そこから新技術が生まれて当然だった。

同じことは今日の製紙業についてもいえる。すでに資本の生産性の低下が、生産プロセス上の弱みを解決するならば直ちに大きな経済的効果が見込まれることを教えている。

経済的な機会の存在は、技術そのものの分析によっても明らかにすることができる。スウェーデンは、技術の分析によって送電技術の世界的なリーダーになった。彼らは原子力発電ではなく送電技術の開発に資金と労力を注ぎ込んだ。基本的な技術は七〇年前に開発されていた。

技術を分析することによって、人材や資金の限られた小国スウェーデンが送電技術のリーダーとなった。その間、アメリカ、ソ連、イギリス、フランス、ドイツ、日本のような大国は、はるかに多くの資金を間違った分野に投入していた。

知識動向の分析

技術の変化を知るための第二の方法は、あらゆる種類の知識の動向を把握しておくことである。知識の分野で何が起こっているか、いかなる技術上の機会をもたらしているかを分析しなければならない。

今日、知識を技術に転換するスピードが速くなったとされる。だがそのことを示す証拠はない。逆に、知識を技術に転換するために要する時間は長くなっている。今日では、かつて電波についてのハインリッヒ・ヘルツの発見が、二〇年を経ずしてマルコーニの無線通信に転換されたと同じようなことは起こらない。知識と技術の間のリードタイムは、今日では三〇年から四〇年である。そのうえ、技術を採算のとれる製品や生産プロセスに発展させるために要するリードタイムも伸びている。

短くなったのは、製品や生産プロセスの導入から普及までに要する時間である。五〇年前までは、製品や生産プロセスが広く受け入れられるには相当の時間を要した。史上稀な速さで世界中に広まっていった電球、電話、電車は別として、製品や生産プロセスが国境を越えるには五年から一〇年を要した。しかし今日では、二、三週間からせいぜい二、三カ月を要するだけである。

新知識を体系的に調べ、技術への発展の兆候に注意することによって、技術の変化を知ることができる。しかし技術は、自然科学から生まれるものだけではない。知識にかかわるあらゆる分野の体系的な活動から生まれる。そのうえ昔から、大きな変化はそれぞれの分野や体系の外部で生まれている。

心理学の人格や形態のコンセプトは、一九世紀物理学の場の理論から生まれた。逆に、電子工学のシステムズ・エンジニアリングは心理学から生まれ、生物学に助けられた。遺伝子工学の今日の発展は、物理化学と電子工学によってもたらされた。

知識の世界では、いかに専門分化しようとも、パイプでつながった容器のなかの液体のように、部分的な水位の上昇が他の部分の水位の上昇をまねく。したがって、技術のダイナミクスを理解するには、むしろ専門外の分野からスタートすることが必要である。知りすぎている分野、何が不可能かを知りつくしていると自負する分野は見えないものである。しかも大きな変化は、それぞれの専門分野の内部ではなく外部で生まれる。

ビジョンの先行

第三に、技術の変化は思想や言葉に表われる。新素材の場合、それが表われる二〇年前にはすでに話題になっていた。ビジョンは行動に先行する。そして、理解が得られるのは行動よりも後である。

ＩＢＭの創立者トマス・ワトソン・シニアは、コンピュータが普及する前に亡くなったが、亡くなる四〇年も前からデータ処理なるものについて話していた。だが当時、それが何を意味するかわかる者はいなかった。今日では巨大都市について、それが何を意味するかもわからない段階で皆が話を始めている。それらの話はニーズを示し、ビジョンを示す。そもそも新技術の多くは、新しい知識というよりも新しい認識である。それは既存の平凡なものの新しい組み合わせである。

ヘンリー・フォードは、いかなるイノベーションも行なわなかったとされている。たしかに彼が発明し特許を得たもの、彼の名で呼ばれるようになった機械、工具、製品、プロセスはない。彼が使ったものは、すべて既知のものだった。彼が自動車をつくったとき、すでに町には自動車が走っていた。しかし、それでも彼こそが真のイノベーターだった。大量生産、大衆市場、大衆価格による利益というビジョンを生み出した。製品やアイデアよりも、ビジョンが経済、社会、文化に影響をもたらす。

技術戦略の必要性

技術のダイナミクスの分析は、科学的ではないが感覚的でもない。本物の分析である。しかし、技術そのものの分析にとどまるものではない。事実、技術だけの専門家が行ないうるものではない。それは起業家として、次のような問いかけを行なう者がよくなしうるものである。

「新産業や新プロセスの機会はどこにあるか」「いかなる新技術が市場のニーズに対応して大きな経済的影響をもたらすか」「まだ経済的影響をもたらしていない新知識は何か」「産業、プロセス、生産性に反映されていない新知識は何か」「新技術を意味あるものにすることのできる、いかなる新しい見方、コンセプトが生まれているか」「それらはいかなる種類の新技術に影響を与えるか」

もちろんこれらの分析から、これこれの技術がいつまでに現われ、その五年後にはこれこれの売上げをもたらすということを明らかにすることはできない。しかし、それ以上に重要なことを明らかにする。すなわち、これこれの分野の技術が、もしそれが実現されるならば重大な影響をもたらし、単なる新製品ではなく新産業を生み、あるいは単なる新しい道具やプロセスではなく新技術をもたらすであろうことを明らかにする。

急激な変化の時代にあっては、企業はもちろんのこと、国の生存と繁栄にとっても技術戦略が不可欠である。いかなる種類の活動に力を入れるべきかを徹底的に検討しておかなければならない。研究開発の名のもとに日常行なっている改善や手直しに力を入れつづけるべきか、新技術の開発を狙うべきか、技術と経済のギャップを利用すべきか、あるいはあえて新しい知識を狙うべきか。

技術戦略には、技術をみずからのために開発するか、他社にライセンスを売るために開発するかの検討も含まれる。もちろん、いかなる段階で技術を導入すべきか、何を探し、何に直ちに飛びつくべきかについての検討も含まれる。

急激な変化の時代にあっては、自分の専門分野であっても、必要な技術のすべてをみずから生み出すことはできない。もはやいかなるものといえども、一八九〇年から一九三〇年の企業研究所のように、必要とするあらゆる技術、イノベーション、知識を生み出すことはできない。

一世紀前、ドイツのある化学品メーカーによって設立された世界最初の企業研究所の設立意図が、この技術上の自給自足だった。その一世代後に設立されたドイツ最大の政府系研究所カイザー・ヴィルヘルム研究所（現マックス・プランク研究所）の設立意図も同じだった。一九〇〇年頃設立されたアメリカ最初の大規模企業研究所であるGEのシェネクタディ研究所、さらにその一〇年後に設立されたAT&Tのベル研究所も同じだった。

買うものと売るもの

今日では、政府の全面支援を受けた最強の研究所でさえ、もはや技術の自給自足はできない。したがって、何に集中するかだけでなく、何をどの段階で導入するかを検討しておかなければならない。今後伸びる貿易は、商品貿易ではなく技術貿易、すなわち特許やライセンスの貿易である。したがって、そのための戦略を学ばなければならない。自力で開発すべきものは何か、売るべきものは何か、買うべきものは何か、どの段階で買うことに踏み切るべきか。

技術戦略でいち早く成功したのが日本だった。開国後近代日本をつくった人たちは、日本が技術面で直ちに世界のリーダーにはなれないことを知っていた。日本はあらゆるエネルギーを社会と文化の改革に向けなければならなかった。社会や文化は輸入できないが、技術ならば輸入できる。こうして日本は、新技術の見つけ方と適切な段階での技術の導入の仕方、さらに外国の理論の迅速な製品化の方法を身につけた。

しかしその日本さえ、今日にいたるも技術の導入の仕方しか知らず、売り方は知らない。みずからの開発した新知識、新技術、経済的成果から最大の利益をあげるために、いかに集中すべきかを知らない。

西洋ではスウェーデンだけが技術戦略をもっていた。その成果の一つが送電技術だった。さらにはスタイルと頑丈さを兼ね備えた自動車の開発であり、小国という環境条件がもたらした短距離離着陸航空機の開発だった。スウェーデンの技術戦略は、技術の専門家の手によるものではなかった。三大銀行の調査陣の功績によるところが大きかった。科学者や技術者ではなかった。彼らは小国として、そのもてる資源を科学全般の進歩ではなく、限られた分野のギャップを埋めることに集中すべきことを知っていた。

第二次大戦直後、スウェーデンは鉱業と林業の国だった。しかるに、今や一人当たり国民生産でヨーロッパの一流国となり、アメリカに次ぐ生活水準を実現している。

市場のダイナミクス

起業家たる者は、これら技術のダイナミクスのみならず、市場のダイナミクスも知らなければならない。市場がイノベーションをもたらす。たとえば、アメリカ商務省の最近の調査によれば、特許を得た高度の技術内容をもつ製品やプロセスさえ、その多くは技術的な要因ではなく市場のニーズから生まれている。

市場のダイナミクスを理解することは、技術の成果を無駄にしないために不可欠である。技術的にはこの二五年間、イギリスが最高の仕事をしてきた。抗生物質、レーダー、ジェットエンジンを開発した。コンピュータもイギリスに負うところが大きかった。原子力発電もそうだった。しかし、それらの技術の成果を摘み取ったのは、耕し種を蒔いたイギリスではなかった。もちろん原因は一つではない。だが市場を理解せず、そのダイナミクスに注意を向けなかったことが主たる原因だったことは間違いない。

技術のマーケティングがいかに重要かは、欧米間の技術格差についての研究から明らかである。技術を経済的に意味あるものにするうえでマーケティングの果たす役割の重要性については、かなり前から明らかになっていた。

技術的にみて最高の電球を発明したのは、エジソンではなくイギリスのジョセフ・スワンだった。だが勝ったのはエジソンだった。市場に目を向けていたからだった。彼は電力会社の立場に立って、いかなるものが必要か、いかなるものであれば普及するかを考えた。同時に消費者の立場から同じことを考えた。技術的にはスワンの電球のほうが優れていた。しかし彼の電球は、製品として成功するうえで、あるいは経済的に受け入れられるうえで必要な電力会社と消費者という二つの市場の期待、行動、価値観に合致していなかった。

ほとんどの企業がマーケティングを、製品を売り渡すことによって報酬を得るための体系的な活動としか理解していない。しかし急激な技術変化の時代にあって起業家であるためには、二つの意味のマーケティングが必要である。

顧客の観点からのマーケティング

第一に、マーケティングそのもの、すなわち目的と意味の観点からのマーケティング、顧客の観点からのマーケティングが必要である。しかも、あらゆる製品に二種類以上の顧客が存在するがゆえに、それらの顧客すべての観点に立つことが必要である。

つまり、わが社の製品のための顧客という考え方をしてはならないということである。わが社の製品について考えているかぎり、マーケティングではなく販売について考えているにすぎない。重要なことは顧客の期待、行動、価値である。そのような観点に立つならば、そもそもわが社の製品どころか、わが社の事業さえ存在しないも同様である。

マーケティングの観点からは、顧客にとって当然価値のある製品や企業、あるいは顧客が当然気づくべき製品や企業は存在しえない。顧客は求めているもの、必要としているもの、期待しているものにのみ関心をもつ。顧客の関心は常に、この製品あるいはこの企業は自分に何をしてくれるかである。

イノベーションとしてのマーケティング

第二に、マーケティングのイノベーションが必要である。新しいものには、既存の市場はない。新製品は期待を生み、基準を設定し、満足を可能にする。したがって、マーケティングにはイノベーションが必要である。新技術は新市場を必要とする。しかし、それがいかなる市場となるかは、実際に需要が生まれるまでは見当もつかない。

一時アメリカではカーペット産業が衰退しつつあった。広告も販売努力もしていたが、住宅関連支出に占めるカーペットのシェアは低下をつづけた。一九五〇年代のはじめ、そこへ化学工業が進出してきた。合成繊維の重要顧客であるカーペット産業をみずからの手で救うためだった。化学工業はマーケティングのイノベーションを行なった。

まず、住宅購入者の満たされていないニーズが何かを検討した。答えは当たり前のものだった。そこからカーペットの果たすべき役割が明らかになった。そのニーズとは、安いコストで住み心地を向上させることだった。まさに床張りカーペットこそ、このニーズに応える数少ない方法の一つだった。

次に、いかにすれば買ってもらえるかを検討した。そこで得られた、これまた当然というべき答えが、一括払いの余裕はないが、ローンの月々の支払いは多少増えてもよいというものだった。ここでも値段の高い床張りカーペットが答えだった。床張りカーペットは、住宅の一部であるがゆえに住宅ローンに含めることができた。

最後の問いが、床張りカーペットの購入を決めるのは誰かということだった。つまり顧客は誰か。それは家を買う若い夫婦ではなく住宅業者だった。カーペットを床張りにすれば、床そのものは外から見えなくなり、コストがかからなくなる。見栄えがよくなり、売りやすくなる。頭金は同じで毎月の支払いを少々増やしてもらえばよい。若い夫婦にとってもありがたいはずである。事実、このイノベーションによって、アメリカのカーペット産業は成長産業に生まれ変わった。

他方、照明器具産業は、同じように住宅と直接かかわりのある産業でありながら、相も変わらず業績が低迷している。原因は製品のデザインと販売に力を入れるだけだからである。

売上げを増やし、雇用をもたらすものは技術であるとされている。だが技術は可能性を教えるにすぎない。可能性を顕在化させるものはマーケティングである。マーケティングによるイノベーションである。

製品が自動的に売れるのは深刻な品不足のときだけである。制癌剤はマーケティングを必要としない。製品さえあれば販売活動さえ必要ない。しかし、医師が扱いやすいようにはしなければならない。極度の品不足以外では、いかなる技術といえどもマーケティングを必要とする。市場とそのダイナミクスの理解を必要とする。市場を理解することは、いかなる技術を開発するかを知るうえでも必要である。

真の経済発展とは、ニーズや欲求をより多く満たすことではなく、選択肢を増やすことである。ニーズと欲求の拡大である。これがマーケティングの機能である。マーケティングとは、技術変化を経済的に意味あるもの、欲求の満足へと転換することである。

既存の事業から切り離す

起業家たる者は、イノベーションのための組織をつくり、マネジメントしなければならない。新しいものを予期し、ビジョンを技術、製品、プロセスに転換し、かつ新しいものを受け入れる人間集団をつくり、マネジメントしなければならない。

この半世紀に、われわれは共同の仕事のために人間のエネルギーを組織する方法を学んだ。また、すでに知られていることを効果的に行なうための組織の使い方を学んだ。これは大きな進歩であって、今日の社会はそこに依存している。

しかし、今やイノベーションのための組織をつくらなければならない。すでにイノベーションを行なっている大組織はいくつもある。われわれはイノベーションの能力を必要としている。しかも、一九世紀には存在しなかった大組織が当然の存在となった今日、それらの組織のなかにイノベーションの能力を組み込まなければならない。そのためには根本的な組織改革が必要である。

イノベーションのための組織は、既存の事業のための組織と切り離さなければならない。既存の事業のマネジメントを行なうための組織は、すでにあるものを修正し、拡大し、改善することはできても、イノベーションを行なうことはできない。

たとえば、製品別の事業部門からは新しいものは期待できないことが明らかになっている。新しいものは、それが確立した事業となるまで責任をもつ独立した開発部門を必要とする。それはイノベーションに最も成功してきた化学品メーカー、デュポンが教えることでもある。同社はすでに四〇年前に独立した開発部門を設けている。

さらに重要なこととして、人と人との関係についても新しい構造をつくりあげなければならない。指揮命令型組織ではなくチーム型組織が必要である。さらに柔軟性が必要である。とはいえ規律や権威も必要であり、意思決定を行なう者が必要である。このチーム型組織は、これまでの組織論の枠外のものである。小編成のジャズバンドや外科の手術チームがチーム型組織の典型である。

トップの役割

イノベーションのためにはトップの役割も変えなければならない。既存の事業のマネジメントを行なうための組織では判断が主な仕事だったが、イノベーションのための組織では実行が主な仕事となる。トップの仕事は、アイデアを具体的な仕事の提案に転換させることである。出てきたアイデアを正面から取り上げるに値するものにするためには何が必要かを考えることである。取り上げるわけにはいかないなどといってはいられない。

新しいアイデアというものは、最初から現実的であることはない。思いつきや手探りから生まれる。事実、ほとんどはアイデアのまま終わる。生き残ったわずかなものも、大部分はアイデアのまま終わる。アイデアの死亡率は蛙の卵並みである。アイデアとは自然の一部である。自然は浪費する。だが蛙の卵がなくならないように、アイデアもなくなることはない。一つの成果を得るためには数千のアイデアを育てなければならない。それらのうちどれが成長し大人になるかはわからない。

トップの地位にある者は耳を傾け、元気づけなければならない。そして想像を理解に、直観をビジョンに、意欲を結果に転換するためにみずから動かなければならない。これはいわゆる創造ではない。ひらめきでもない。規律ある体系的な活動である。ただし、そのためには既存の事業のマネジメントとは異なるアプローチとプロセスを必要とする。

今日のいわゆるサラリーマン経営者たちは、アイデアを判断しようとする。その結果、ユニリーバの掲示板の組織図に誰かが張りつけた紙のいうとおりとなる。「この組織図の根から梢へアイデアは上り、ノーが降りる」

判断だけを仕事とするトップは、アイデアを拒否する。非現実的であるとする。生煮えのアイデアを体系的な行動に転換することをみずからの仕事と考えるトップだけが、イノベーションを可能にする。

目標を高く

イノベーションのための組織が行なってはならないことは、目標を低く設定することである。まったく新しいことを行なうのも、すでに行なっていることを改善するのも同じ手間である。新しい事業を始めるのも、同種の製品を一つ加えるのも同じエネルギーを要する。イノベーションにおいては、たんに同種の製品を加えるだけであってはならない。必要とされるエネルギーが、期待される成果に比べて大きすぎる。しかも、そのリスクは新事業、新産業を生み出すのと変わらない。

一流の科学者と並みの科学者を分けるものは才能ではない。知識や努力でもない。ニュートンやファラデイをはじめとする一流の科学者は、みずからの知識、知能、エネルギーを使って真に価値のあるものに集中する。まったく新しいものを創造しようとする。

私は毎年ノーベル賞受賞者の記念スピーチを読む。彼らの実に多くが、ノーベル賞の受賞理由となった業績は、世の中を変える研究をやれとの恩師のひと言によってもたらされたという。

イノベーションのための組織において重要なことは、成功すれば新しい事業が生まれるかどうかを考えることである。そうでなければ、リスクをおかすわけにはいかない。これは、既存の事業のマネジメントを行なうための組織において、長期計画や資源配分を検討する際の問題意識とはまったく異なる。後者ではリスクを最小にとどめようとする。イノベーションのための組織では、成果を最大にしようとする。

10章　イノベーションのための組織と戦略

イノベーションの必要は、マネジメントについてのあらゆる文献が説いている。強調すらしている。ところが、イノベーションを促すうえで、マネジメントや組織はいかにあるべきか、何をなすべきかについては、ほとんど言及されていない。その論ずるところは、もっぱら管理的な機能、すなわち既存のものの改善である。

イノベーションをなおざりにしているということでは、文献は現実を反映しているにすぎない。あらゆるマネジメントがイノベーションの必要を強調する。しかしイノベーションを、それ自体独立した一つの重大な課題として取り組んでいるものは、組織の大小を問わずあまりない。たしかに第二次大戦後、研究開発は流行している。巨額の資金が使われている。だが多くの組織において、結果はイノベーションではなく多少の改善にとどまっている。

いよいよ激変の時代

これまでイノベーションがなおざりにされ、管理的な機能ばかり重視されてきたことには、それだけの理由があった。二〇世紀の初頭、マネジメントがはじめて関心の的になったころには、突如誕生した大規模な人間組織をいかにまとめ、マネジメントするかが最大の問題だった。これに対しイノベーションは、せいぜい単独の仕事、一人で行なう仕事、発明家の仕事とされていた。

しかも、マネジメントが進歩した一九二〇年から五〇年までは、大きなイノベーションの余地のない時代だった。技術的にも社会的にも変化の時代ではなかった。むしろ第一次大戦前の土台のうえに技術が確立された時代だった。政治的には激変の時代だったが、社会的な組織も経済的な組織もまったく停滞していた。社会思潮や経済思潮まで停滞していた。

壮大な思想は、すべて一九世紀の思想家、あるいは少なくとも一九世紀に根ざしていた思想家、すなわちマルクス、ダーウィン、フロイトのそれだった。ケインズさえ、いかに革新的であったにせよ、一九世紀末のレオン・ワルラスやアルフレッド・マーシャルの土台のうえに理論を築いていた。

しかし、われわれは今、一九世紀後半の数十年に似た激変の時代に入った。これからのイノベーションは、一九世紀のそれとは著しく異なり、既存の組織において行なわれなければならない。企業や公的機関は、既存のもののためだけでなく、イノベーションのためにみずからを組織する能力を手にしなければならない。

なぜなら今日、企業や公的機関は一〇〇年前には考えもしなかった規模の資本と財を手にしているからである。同時に研究開発のコストと、その成果を製品や事業へ転換するコストとの比が大きく変わったからである。

今日では、アイデアを生むために一ドルを費やすごとに、そのアイデアの研究のために一〇ドルを使わなければならない。加えてその開発のために一〇〇ドルを使い、さらにその一〇〇ドルごとに製品化と事業化のために一〇〇〇ドルから一万ドルを使わなければならない。しかも新製品や新事業として確立されて、はじめてイノベーションは行なわれたといえる。

イノベーションなる言葉は技術用語ではない。経済用語であり社会用語である。イノベーションをイノベーションたらしめるものは科学や技術ではない。それは経済や社会に与える変化である。消費者、生産者、市民、学生その他の人間行動に与える変化である。イノベーションが生み出すものは、単なる知識ではなく新たな価値、富、行動である。

現代というイノベーションの時代において、イノベーションを行なえない組織は、たとえ今確立された地位を誇っていたとしても、やがて衰退し消滅するべく運命づけられる。

組織はさまざまである。その構造、事業、性格、組織、哲学もさまざまである。しかし、イノベーションを行なう組織には共通の特徴がある。

第一に、イノベーションの意味を知っている。第二に、イノベーションの力学を理解している。第三に、イノベーションの戦略をもっている。第四に、イノベーションの基準をもっている。第五に、マネジメント、特にトップマネジメントの姿勢が違う。第六に、イノベーションのための活動を独立させて組織している。

イノベーションの意味

イノベーションを行なう組織は、第一に、イノベーションの意味を知っている。イノベーションが科学や技術ではなく価値の創造であることを知っている。組織の内部ではなく外部にもたらす変化であることを知っている。

イノベーションの尺度は外の世界への影響である。したがって、イノベーションは常に市場志向でなければならない。製品志向のイノベーションは新奇な技術を生むかもしれないが、成果は期待できない。優れたイノベーションを行なう医薬品メーカーは、医療そのものを変える新薬を生み出すことを目指す。イノベーションの定義を研究ではなく医療の視点から行なう。

事実、重要な技術進歩や科学進歩を実現したのは市場志向の企業だった。顧客のニーズから出発することこそ、明日の科学、知識、技術の姿を明確にし、発明発見のための体系的な活動を組織するうえで最も直截な道となる。

イノベーションの力学

第二に、イノベーションを行なう組織は、イノベーションの力学の存在を認識している。それが確率分布に従うことを知っている。いかなる種類のイノベーションが、製品、工程、事業、市場となりうるかを知る方法を知っている。成果をもたらしてくれる分野を体系的に探す方法を知っている。

需要の増大にもかかわらず収益が伸びない場合は、工程、製品、流通チャネルを変えるイノベーションが大きな成果を生む。

あるいは、すでに発生していながら、その経済的な影響がまだ表われていない変化がイノベーションの機会となる。それらのうち最も重要な変化が人口構造の変化である。それは最も確実な変化である。認識の変化、ビジョンの変化、期待の変化もイノベーションの種となる。

そして、世界の動きを利用するのではなく、世界の動きそのものを変える予測不能なイノベーションがある。それらのイノベーションは、起業家が何ごとか新しいことを起こそうとして試みるイノベーションである。それらこそ重要なイノベーションである。それらは確率分布の外にある。少なくとも確率分布のはるか端のほとんど生起不能に近いところにある。それらは最もリスクの大きなイノベーションである。一件の成功に九九件の失敗がある。九九件の失敗は話題にもならずに終わる。

イノベーションを行なうにあたって重要なことは、そのような型にはまらないイノベーションが存在すること、しかも、それがきわめて重要であることを認識しておくことである。重要なことは常に目を光らせることである。この種のイノベーションは、体系的かつ意図的な活動として組織することは困難である。この種のイノベーションは管理できない。桁はずれに重要でありながら、めったに起こらず、例外として扱わなければならないからである。

したがって、まずはじめに、確率分布に当てはまるイノベーションに焦点を合わせ、それを利用するための戦略をもたなければならない。その過程において、例外的で真に偉大な歴史的イノベーションに対する感覚を育て、その種のイノベーションをいち早く認識し、活用する体制をつくっておかなければならない。

イノベーションの戦略

第三に、イノベーションを行なう組織は、イノベーションの戦略をもっている。このイノベーションの戦略もまた、他の戦略と同じように、われわれの事業は何か、何であるべきかとの問いから始まる。

しかしながら、イノベーションの戦略においては、未来についての仮定は既存の事業の戦略とは基本的に異なる。既存の事業の戦略の場合、現在の製品、サービス、市場、流通チャネル、技術、工程が継続すると仮定する。これに対しイノベーションの戦略は、既存のものはすべて陳腐化すると仮定する。既存の事業についての戦略の指針がより良くより多くのものであるとすれば、イノベーションについての戦略の指針はより新しくより違ったものである。

イノベーションの戦略は、古いもの、死につつあるもの、陳腐化したものを計画的かつ体系的に廃棄することから始まる。イノベーションを行なう組織は、昨日を守るために時間と資源を使わない。昨日を捨ててこそ資源、特に人材という貴重な資源を新しいもののために解放できることを知っている。

イノベーションの戦略において、次に重要なことは目標を高く設定することである。改善の仕事、すなわち新製品の追加、製品ラインの高度化、市場の拡大などは、五〇パーセントの成功率を期待できる。完全な失敗は半分以下にすぎない。これに対し、イノベーションの成功率はせいぜい一〇パーセントである。これがイノベーションの目標を高く設定しなければならない理由である。一つの成功が九つの失敗の埋め合わせをしなければならない。

イノベーションの基準

第四に、イノベーションを行なう組織は、既存の事業とは異なる基準をもっている。イノベーションのための活動に対し、既存の事業のための尺度、特に会計上の慣行を適用することは誤りである。それは六歳の子に五〇キロのリュックを背負わせるようなものである。イノベーションのための活動を直ちにゆがめる。

既存の事業のための予算とイノベーションのための予算は、別途に、しかも別の観点から編成しなければならない。既存の事業についてなすべき問いは、この活動は必要か、なくてもすむかであり、必要であるが答えであるならば、次になすべき問いは最小限必要な支援はどの程度かである。

これに対し、イノベーションについて発すべき第一の問い、しかも最も重要な問いは、これは正しい機会かである。答えがイエスであるならば、第二の問いは、この段階で投入できる優れた人材と資源はどれだけあるかである。

重要なことは、期待するものを検討し、書き出しておくことである。そして、イノベーションが製品、プロセス、事業を生み出したとき、最初の期待と比べることである。結果が期待を下回ったならば、人材と資金をそれ以上投入すべきではない。

イノベーションのための活動について発すべき第三の問いは、手を引くべきか、いかにして手を引くべきかである。

組織に内在する変化への抵抗については、長い間マネジメント研究の中心的な問題とされてきた。無数の文献がある。セミナーや討論会や講座が開かれている。しかし問題がどれだけ解決されたかは疑問である。実は、変化に対する抵抗を云々しているかぎり、解決は不可能である。そのような抵抗は存在しないとか、問題ではないというわけではない。しかし抵抗に焦点を合わせることは、問題を扱いにくくするだけである。

重要なことは、変化が例外ではなく規範であり、脅威ではなく機会であるという真に革新的な風土を醸成するための挑戦として問題を定義することである。

第五に、イノベーションを行なう組織は、マネジメント、特にトップマネジメントの姿勢が違う。トップの地位にある者が、アイデアを正面から取り上げることをみずからの職務としている。多くの場合、優れたアイデアは非現実的に見える。優れたアイデアを手にするには、多くの馬鹿げたアイデアが必要であり、両者を簡単に見分ける手段はないことを知らなければならない。いずれもが実現性のない馬鹿げたものに見え、同時に素晴らしいものにも見える。

したがって、アイデアを奨励するにとどまらず、出てきたアイデアを実際的、現実的、効果的なものにするには、いかなる形のものにしなければならないかを問いつづけなければならない。荒削りで馬鹿げたアイデアであっても、実現の可能性を評価できるところまで練らなければならない。

イノベーションを行なうには、組織全体に継続学習の気風が不可欠である。イノベーションを行なう組織では、継続学習の空気を生み出し、それを維持している。ゴールに達したと考えることは許さない。学習が継続すべきプロセスになっている。変化への抵抗の底にあるものは無知である。未知への不安である。しかし、変化は機会と見なすべきものである。変化を機会として捉えたとき、はじめて不安が消える。

イノベーションのための組織

第六に、イノベーションを行なう組織は、イノベーションのための活動を独立させて組織している。イノベーションの探求は、既存の事業のマネジメントとは切り離して組織しなければならない。新しいものを創造する取り組みと既存のものの面倒をみることを同時に行なうことはできない。いずれも必要であるが、別種の仕事である。イノベーションのための仕事は、独立した部門に任せなければならない。

イノベーションは独立した事業として組織する必要がある。つまり、イノベーション、製造、マーケティングと続く伝統的な時系列の並び方は、イノベーションのための仕事にはふさわしくないということである。専門能力をいつ、いかに使うかは、時間ではなく状況が決定する。

新しいことに取り組むことを決定したならば、直ちにプロジェクト・マネジャーを任命すべきである。どの部門からであってもよい。専門能力がなくてもよい。しかしはじめから、あらゆる部門の専門能力を利用できるようにしなければならない。研究の前にマーケティングを行なってもよいし、製品を手にできるかどうかが明らかでない段階で資金計画を作成してもよい。

既存の事業においては、今いる場所から、行こうとする場所へと仕事を組織する。これに対しイノベーションにおいては、行こうとする場所から、今しなければならないことへとさかのぼって仕事を組織する。

イノベーションのための組織は、既存の事業を行なう組織の外に独立してつくらなければならない。分権化した事業とまではいかなくとも、既存の事業を行なう組織からは独立させなければならない。

変化ではなく沈滞に抵抗する組織をつくることが最大の課題である。それは可能である。実例も多い。しかし、いかにしてこの種の組織を当たり前の存在とするか、社会、経済、個人にとって生産的な存在とするかは、これからの課題である。あらゆる兆しから見て来るべき時代はイノベーションの時代だからである。

11章　既存の企業におけるイノベーション

既存の企業であれベンチャーであれ、起業家精神には共通の原理がある。基本はまったく同じである。機能する方法も機能しない方法も同じである。イノベーションの種類と機会も同じである。いずれも必要とするのは体系的なマネジメントである。

とはいえ、既存の企業はベンチャーとは異なる問題、限界、制約に直面する。学ぶべきことも異なる。単純にいうと、既存の企業は既存の事業をマネジメントする方法を知っているが、起業家になるための方法、イノベーションを行なうための方法を知らない。

既存の企業における起業家精神

既存の企業とりわけ大企業は、起業家としての能力を身につけないかぎり、急激な変化とイノベーションの時代を生き抜くことはできない。企業は変化していかなければならない。何ごとがあろうとも大きく変化していかなければならない。

この壮大な転換期において社会の安定を確実なものとするには、既存の企業がいかに生き残り、いかに繁栄していくかを学んでいかなければならない。それは起業家として成功するための方法を学ぶことによってはじめて可能となる。われわれは起業家精神の発揮を既存の企業に期待せざるをえない。

既存の企業にこそ起業家的なリーダーシップの能力がある。それらの企業は必要な資源、とりわけ人材をもっている。すでに事業をマネジメントし、マネジメントのチームをつくりあげている。したがって、既存の企業こそ起業家としての機会をもち、その責任を担っている。

昔から大企業はイノベーションを生まないといわれる。たしかにそのように見える。今世紀の大きなイノベーションは既存の大企業からは生まれなかった。

鉄道会社は自動車やトラックを生まなかった。そうした試みさえしなかった。一方、自動車メーカーは航空機産業に参入しようとした。フォードとGMは航空機産業のパイオニアだった。しかし今日の航空機メーカーは、自動車メーカーとは無関係のベンチャーから発展した。同じように今日の大手医薬品メーカーの大部分は、五〇年前に近代医薬が開発された頃はまったくの中小企業か、あるいはまだ存在していなかった。

電機メーカーの巨人たち、アメリカのGE、ウェスチングハウス、RCA、ヨーロッパのジーメンス、フィリップス、日本の東芝などは、いずれも一九五〇年代にコンピュータ分野に殺到した。だがいずれも成功しなかった。今日この分野を支配しているのは、四〇年前には中堅企業とさえいえなかった企業、しかも当時ハイテクとは無縁だったIBMである。

しかし、大企業はイノベーションを行なわず、行なうこともできないとの通念は半分も事実ではない。まったくの誤解である。多くの例外がある。起業家としてイノベーションに成功した大企業の例は多い。

アメリカでは医療品関係のジョンソン・アンド・ジョンソン、工業製品のスリーエム（3M）がある。世界最大の民間金融機関であるシティバンクは創立一〇〇年を超え、金融分野でイノベーションを行なっている。ドイツでは世界最大の化学品メーカーの一つ、一二五年の歴史をもつヘキストが医薬品でイノベーションに成功している。スウェーデンでは一八八四年に設立され、今から六〇～七〇年前に大企業になっていたASEAが、長距離送電や工場のオートメ化のイノベーションに成功している。

しかし大企業は、ある分野では起業家としてイノベーションに成功し、ある分野では失敗しているという事実が問題を複雑にする。アメリカのGEは、航空機用エンジン、高級プラスティック、医療用電子機器では成功したが、コンピュータでは失敗した。RCAはカラーテレビでは成功したが、コンピュータでは失敗した。事態は単純でない。

規模の大きさ自体は、イノベーションや起業家精神の障害とはならない。たしかに、よく問題にされる大組織の官僚的体質や保守的体質は、イノベーションと起業家精神にとって深刻な障害となる。しかし、それは中小の組織も同じである。企業であれ社会的機関であれ、最も起業家精神に乏しく、最もイノベーションの体質に欠けているのは、むしろ小さな組織である。

既存の起業家的な企業には大企業が多い。世界にはそのような大企業が優に一〇〇社を超える。加えて年間売上げが五億ドル程度の中堅企業がある。これらの大企業や中堅企業とは対照的に、既存の小企業は起業家的な企業のリストにはあまり入ってこない。

障害は既存の事業

イノベーションと起業家精神にとっては、規模が障害なのではない。障害となるのは既存の事業であり特に成功している事業である。ただし大企業や中堅企業は、小企業に比べこの障害をかなり容易に乗り越えている。

既存の工場、技術、製品ライン、流通システムは、マネジメントに対し絶えざる努力と不断の注意を要求する。日常の危機は常に起こる。延ばすことはできない。直ちに解決しなければならない。既存の事業は常に優先する。優先して当然である。

これに対し新事業は、成熟した既存の事業の規模と成果に及ばない。常に小さく、取るに足りず、将来性さえ確実ではない。むしろ、新しいくせに大きく見えるものこそ怪しむべきである。成功の確率はごく小さい。イノベーションに成功するものは、小さく、しかもシンプルにスタートする。

多くの企業が、一〇年後には売上げの九〇パーセントは今日存在していない製品からもたらされるという。多くの場合、誇張である。既存の製品の改善があり、手直しがある。市場と最終用途の拡大がある。逆に新製品のリードタイムは長い。現在成功している製品やサービスをもっている企業は、一〇年後もその収益の四分の三を今日の製品やサービス、あるいはその延長線上の製品やサービスから得ている可能性が大きい。それどころか、今日の製品やサービスが継続的に収益をもたらしてくれないならば、イノベーションに必要な投資もできなくなる。

したがって、既存の企業が起業家としてイノベーションに成功するには特別の努力を必要とする。既存の企業は、すでに存在する事業、日常の危機、若干の収益増へと、その生産資源を振り向けてしまいがちだからである。昨日を養い、明日を飢えさせる誘惑にかられるからである。

それは死にいたる誘いである。イノベーションを行なおうとしない企業は、歳をとり衰弱していく。

特に今日のように急激な変化の時代、起業家の時代にあっては、衰弱のスピードは急速である。ひとたび後ろ向きになれば、向きを変えることは至難である。

既存の事業がイノベーションと起業家精神の障害になる。問題は、まさに過去および現在の事業の成功にある。官僚的な体質や煩雑な手続き、あるいは自己満足などの病ではなく、現在の健全さにある。

だからこそ、常時イノベーションに成功している既存の企業、特に起業家として成功している大企業や中堅企業の例が重要な意味をもつ。それらの例は、成功がもたらす障害、すなわち既存の事業がもたらす障害を克服することが可能であることを示す。しかも既存の事業と新事業、成熟事業と幼稚事業の双方の成長が可能であることを示す。

起業家精神の条件

通念の誤りは、その前提にある。イノベーションと起業家精神は、自然の衝動、自然の創造、自然の行動であるとしている。そして、イノベーションと起業家精神が大組織で生まれないのは、組織がそれを抑えているからだとしている。しかも、起業家としてイノベーションを行なっている企業の少なさをもって、決定的な証拠としている。

起業家精神は生まれつきのものではない。創造でもない。それは仕事である。正しい結論は通念とは逆である。かなりの数の中堅企業、大企業、巨大企業が起業家としてイノベーションに成功しているという事実は、イノベーションと起業家精神がいかなる企業においても実現できることを示す。

ただし、そのためには意識的な努力が必要である。学ぶことが必要である。起業家的な既存の企業は、起業家精神の発揮をみずからの責務とする。そのためみずからに規律を課す。そのために働く。

それを実践する。

起業家精神には四つの条件がある。

第一に、イノベーションを受け入れ、変化を脅威ではなく機会とみなす組織をつくりあげなければならない。起業家としての厳しい仕事を遂行できる組織をつくらなければならない。そのためには、起業家的な環境を整えるための経営政策と、具体的な方策のいくつかを実践しなければならない。

第二に、イノベーションの成果を体系的に測定しなければならない。あるいは少なくとも評価しなければならない。

第三に、組織、人事、報酬について特別の措置を講じなければならない。

第四に、いくつかのタブーを理解しなければならない。行なってはならないことを知らなければならない。


古代ローマのある詩人は、人間を「新しいものを求める存在（レールム・ノバルム・クピドゥス）」と呼んだ。起業家精神のためには、組織のなかの一人ひとりが新しいものを求める存在とならなければならない。


トップマネジメントは、いかにしてイノベーションに対する障害を克服するかに関心をもつ。しかし、たとえこの問題に答えがあったとしても、そもそも問題が間違っている。正しい問題は、いかにしてイノベーションを当たり前のものとし、それを望み、その実現のために働くようになるかである。

イノベーションを異質なものとして取り組んでいたのでは何も起こらない。日常業務とまではいかなくとも、日常的な仕事の一つとする必要がある。

そのためには、起業家精神のための経営政策と、いくつかの具体的な方策が必要である。何よりも組織の一人ひとりにとって、イノベーションを既存の事業よりも魅力的かつ有益なものとする必要がある。イノベーションこそ組織を維持し発展させるための最高の手段であり、一人ひとりの成功にとって最も確実な基盤であることを周知させる必要がある。そのうえでイノベーションの必要度を明らかにする必要がある。さらには具体的な目標のもとに計画を立てる必要がある。

廃棄の制度化

起業家たるための経営政策の第一の段階は、すでに活力を失ったもの、陳腐化したもの、生産的でなくなったものの廃棄を制度化することである。スタッフの活動についてはもちろんのこと、一つひとつの製品、工場、技術、市場、流通チャネルの継続の可否について、三年ごとに判定しなければならない。

もし手がけていなかったとして、今日これからこの製品、市場、流通チャネル、技術を手がけるかを問わなければならない。もし答えがノーであるならば、ほかのものを検討するのではなく、この製品、市場、流通チャネル、スタッフ活動に資源を浪費するのをいかにしてやめるべきかを問わなければならない。

既存のものの廃棄が答えではないこともある。廃棄が不可能なこともある。しかしそのようなときでも、少なくともそれ以上の労力はかけないようにしなければならない。人材と資金という生産資源を、すでに過去となってしまったものに投じてはならない。

廃棄とは、あらゆる種類の組織がみずからの健康を維持するために行なっていることである。いかなる有機体といえども、老廃物を排泄しないものはない。さもなければ自家中毒を起こす。

既存のものの廃棄は、企業がイノベーションを行なうようになるうえで絶対必要なことである。翌朝自分が絞首刑になるという知らせほど、人の心を集中させるものはないとは、かのサミュエル・ジョンソン博士の言葉である。同様に、製品やサービスが近いうちに廃棄されることを知ることほど、関係者の心をイノベーションに集中させるものはない。

イノベーションには人間のエネルギーが必要である。有能な人間という最も稀少な資源による厳しい働きが必要である。しかるに、死体が臭わないようにすることほど涙ぐましく、しかも不毛な仕事はないとは昔からの諺である。私の知っている組織のほとんどにおいて、有能な人間がこの不毛な仕事を担当させられている。しかも彼らに期待できることは、膨大なコストをかけて避け難いことを若干先延ばしするだけのことである。しかし、死体が直ちに埋葬されることが知れ渡っていれば、イノベーションにも速やかに取り組めるようになる。

イノベーションを行なうには、イノベーションに挑戦できる最高の人材を自由にしなければならない。同時に、資金を投入できるようにしなければならない。いずれも、過去の成功や失敗、特に惜しくも失敗したものや、うまくいったはずのものを廃棄しないかぎり不可能である。それらのものの廃棄が原則となっていれば、誰もが進んで新しいものを求め、起業家精神をかきたて、みずから起業家となる必要を受け入れるようになる。

これが第一の段階である。いわば組織の衛生学である。

診断のための分析

既存の企業が新事業に貪欲になるための第二の段階は、製品、サービス、市場、流通チャネル、工程、技術にライフサイクルがあることを前提として現状を把握することである。

製品やサービスのライフサイクル分析は、一九七〇年代以降人気を集めている。ボストン・コンサルティング・グループの経営戦略論、ハーバード・ビジネススクールのマイケル・ポーター教授の戦略論、さらにはいわゆるポートフォリオ・マネジメントがある。

これらの理論はすべて、経営戦略についての最初の体系的著作である私の著書『創造する経営者』から出発している。同書の基礎は、一九五〇年代の後半、ニューヨーク大学ビジネススクールで私が教えていた起業家精神セミナーにある。私が同書において提示した製品とサービスを業績上の寄与、特性、寿命によって分類する方法は、それらのものの健康度とライフサイクルを分析するうえで有効である。

しかし、この一〇年間広く喧伝されてきたこれらの経営戦略論の多くが、分析から自動的に行動プログラムがもたらされるとしている。これは考え違いであり、それらの経営戦略論を採用した多くの企業と同じように失望させられるだけである。分析から得られるものは診断にすぎない。その診断にさえ判断が必要である。さらには事業、製品、市場、顧客、技術についての知識が必要である。

分析に加えて経験が必要である。高度の分析手法を手にしただけのビジネススクールを出たての若者が、コンピュータを駆使して事業、製品、市場について意思決定が行なえるなどという考えはまやかしである。私が企業のレントゲン写真と名づけたこのライフサイクル分析にしても、正しい答えを自動的に出すためのものではなく、正しい問いを知るための道具にすぎない。

イノベーションの必要度の把握

第三の段階が、いかなるイノベーションを、どの領域において、いつまでに行なう必要があるのかを明らかにすることである。そのための最も簡単で優れた手法が、かつてニューヨーク大学ビジネススクールの起業家精神セミナーの学生だったマイケル・J・カミの開発したものである。カミはその手法を最初にIBMの経営企画部門で使い、一九六〇年代のはじめにはゼロックスの経営企画部門で使った。

最初に、製品、サービス、市場、流通チャネルを列挙し、それぞれがライフサイクルのどこに位置するかを分析する。あとどれくらいの期間成長するか、どれくらいの期間市場にありつづけられるか、いつ成熟し衰退していくか、どれくらいのスピードで陳腐化するかを分析する。次に、既存の事業に限定して最善を尽くしていった場合、企業全体がやがてどのような状態になるかを明らかにする。

そして、売上げや市場シェアあるいは収益性について、現実に起こるであろうものと目標とのギャップを明らかにする。そのギャップは、衰退を避けるためには必ず埋めなければならない。埋めなければ企業は死に向かう。少なくともこのギャップを埋めるだけの起業家的な成果が必要である。しかも、既存の事業が陳腐化する前にギャップを埋めなければならない。

つまるところ、イノベーションに確実性はない。失敗する可能性は大きく、遅れる可能性はさらに大きい。したがって、目標とするイノベーションの成果の大きさは、実際に必要とする規模の三倍以上にしなければならない。経験の教えるところによれば、それでも大きすぎることはない。

あるイノベーションが期待以上の成果をあげることがある。しかし、期待外れに終わることもある。そのうえイノベーションには予想以上に時間がかかる。予想外の努力が必要となる。確実にいえることは、最後の段階になって必ず問題や遅れが出るということである。したがって、イノベーションの目標規模を実際に必要な規模の三倍に設定することは、ごく初歩的な心得である。

起業家としての計画

第四の段階が、起業家としての計画を立てることである。計画があって、はじめてイノベーションのための予算も立てられる。さらに重要なこととして、いかなる能力の人材がどれだけ必要となるかも明らかにできる。実績のある人材を配置し、必要な道具、資金、情報を与え、明確な期限を設けて、はじめて計画を立てたことになる。誰もが知っているように、それまではよき意図と期待があるにすぎない。

これが起業家精神のための経営政策である。企業とそのマネジメントが、新事業に貪欲となり、イノベーションを健全かつ正常な活動と見るようになるための経営政策である。この経営政策は、企業のレントゲン写真を基礎とするがゆえに、既存の事業が新事業の犠牲になり、既存の製品、サービス、市場についての機会が、たんに新しいだけのものの犠牲になることを防ぐ。

企業のレントゲン写真は意思決定のための道具である。それにより、既存の事業に資源を振り向けることが可能となる。同時に、明日の事業と新しい製品、サービス、市場を創造することが可能となる。イノベーションの意図を実現することが可能となる。

既存の企業が起業家となるには、自社の製品やサービスが競争相手によって陳腐化させられるのを待たず、みずから進んで陳腐化させなければならない。新事業のなかに、脅威ではなく機会を見出すようマネジメントしなければならない。今日とは異なる明日をつくりだす製品、サービス、プロセス、技術のために、今日仕事をしなければならない。

機会についての報告と会議

既存の企業において起業家的であるためには、マネジメント上いくつかの具体的な方策がある。第一に、最も簡単なこととして、マネジメントの目を機会に集中させなければならない。人は提示されたものは見るが、提示されていないものは見逃す。しかるに今日、マネジメントに提示されるのは問題の数々、特に期待外れの分野の問題である。これは機会を見逃しているということである。そもそもマネジメントに対し機会が提示されていない。

中小企業でも、マネジメントは通常月に一回業務報告を手にする。しかし、その第一ページに列挙されているのは、業績が計画を下回った分野、不足した分野、問題のある分野である。会議ではそれらの問題に取り組むことになる。午前中いっぱいが問題の検討にとられる。もちろん問題には注意を払い、深刻に受けとめ、真剣に取り組まなければならない。しかし問題だけを検討していたのでは、機会は無視されたまま死んでしまう。

企業において起業家精神が当たり前となるには、イノベーションの機会に注意を払わせるための特別の仕掛けが必要である。報告書には第一ページを二つつけなければならない。一つはこれまでと同様、問題を列挙すればよい。しかしもう一つは、業績が期待や計画を上回った分野を列挙する。なぜなら、事業における予期せぬ成功はイノベーションの機会の兆候だからである。予期せぬ成功を調べなければ、起業家的であることはありえない。

問題にのみ焦点を合わせる企業は、予期せぬ成功を調べることを時間の無駄とする。せっかく成功しているものをいじり回す必要があるか、かき回さなくともうまくいっているではないかと考える。しかしその結果は、多少注意深く、多少傲慢でない者が競争相手として登場してくるだけである。

したがって、起業家的な企業では二つの会議を開く。一つは問題に集中する会議であり、もう一つは機会に集中する会議である。

多くの有望な分野でトップに立っているある中堅医薬品メーカーでは、第二月曜と最終月曜の月二回経営会議を開いている。第二月曜の会議では問題を検討する。前月目標を下回ったり、半年前から目標を下回ったままのものを取り上げる。この会議はほかの企業の経営会議と変わらない。ところが最終月曜の会議では、目標を上回った分野や予期せぬ市場からの受注を取り上げる。

二〇年で一〇倍の規模に成長したこのメーカーのトップマネジメントは、自社の成功が主として機会に集中したこの第二の経営会議によるものとしている。しかも、実際に経営会議で見つけた機会の一つひとつよりも、そこで培われた機会を探す癖がもたらした起業家的な姿勢のほうが大きな意味をもったという。

成功の秘訣の報告

第二に、このメーカーでは、マネジメント全体に起業家精神を浸透させるため、もう一つ別のことを行なっている。

すなわち、半年に一度、現業のマネジメントの人間を四〇～五〇人集め、二日間の戦略会議を開いている。初日の午前中をかけて、過去一年間起業家的なイノベーションの面で業績をあげた部門のマネジメントが報告をする。特に成功の要因を報告する。何を行なったか、いかに機会を見つけたか、何を学んだか、そして現在いかなるイノベーションの計画があるかを報告する。

ここでも、実際に会議でなされた報告よりも、その戦略会議に参加した者の姿勢や価値観に与える影響のほうが重要だという。事実、参加者は、この会議でいかに多くを学び、いかに多くのアイデアを得たか、いかに多くの計画をもち帰り、実行したかを強調している。

このように起業家的な企業では、独自の優れた仕事ができる人間や部門を常に探している。そうした人間や部門を特定し、光を当て、何をして成功したか、他がしていない何をしたか、他がしている何をしなかったかを聞く。

若手との会合

第三に、この起業家的な企業では、トップマネジメントの人間が、開発研究、エンジニアリング、製造、マーケティング、会計などの部門の若手と定期的に会っている。その会合では、トップ側が「今日はこちらから話をするのではなく、みなさんの話を聞きたい。みなさんの考え、特にこの会社のどこにチャンスがあり、どこに問題があるかを聞きたい。そして、新事業、新製品、新市場についての考えを聞きたい。わが社やわが社の方針について、あるいは業界や技術や市場におけるわが社の地位について、何でも聞いてほしい」という。

この種の会合は頻繁に開く必要はない。トップ側の時間の負担が大きい。若手二五人から三〇人と午後や夜の時間を過ごすのは、トップの人間一人につき年二、三回でよい。

この種の会合は必ずもたなければならない。下から上へのコミュニケーションの機会であり、若手が狭い専門分野から離れ、企業全体を見る絶好の機会である。さらにトップマネジメントが何に関心をもち、それがなぜであるかを理解する機会である。トップの側も若手の価値観、ビジョン、関心を理解できるようになる。そして何よりも、会社全体に起業家的なものの見方を浸透させることができる。

ただし、この種の会合でなされる提案については、一つだけルール化しておくべきことがある。それは、製品やプロセス、市場やサービスについて何か新しいこと、新しい仕事の仕方を提案した者には、提案の具体化について責任をもたせることである。

提案者は、しかるべき期日までに、会合を主宰したトップと参加者全員に対し提案の具体化について報告することにする。さらには、その提案を実施すると何が起きるか、逆に提案が意味をもつためには何をしなければならないか、顧客や市場について何を前提としているか、どれだけの資金と人材が必要か、どれだけの時間が必要か、いかなる成果を期待できるかを明らかにする。

この種の会合からは起業家的な考えが数多く生まれる。しかしここでも、それらの成果は会合から得られる最も重要なことではないという。最も重要なことは、組織全体に起業家的なものの見方、イノベーションへの受容性、さらには新しいものへの貪欲さが浸透することだという。

イノベーションの評価

既存企業が起業家的であるためには、みずからの業績評価にイノベーションの成果についての評価を組み込まなければならない。起業家的な成果を評価して、はじめて起業家的な行動はもたらされる。人は期待に沿って行動する。

ところが、みずからの業績の評価にイノベーションの成果を入れている企業が驚くほど少ない。しかし、イノベーションの成果の測定、あるいは少なくともその評価を企業自身の業績評価に組み込むことは、特にむずかしいことではない。

第一に、一つひとつのプロジェクトについて、成果を期待にフィードバックすることである。こうすることによって、みずからの計画能力と実行能力の質と信頼性を知ることができる。

開発部門のマネジメントならば、プロジェクトに着手するとき、いかなる成果を期待するか、いつまでに期待するか、いつ進捗状況を評価すべきかを考えなければならない。そして、必ず成果と期待を照らし合わせなければならない。そうすることによって、自分たちの得意や苦手を知ることができる。

このフィードバックは、開発研究だけでなく、イノベーションにかかわるあらゆる活動について行なわなければならない。自分たちの得意を知っておくためである。なぜかはわからないが、人というものはうまく行なえることは、いくらでもうまく行なえるからである。

もう一つには、好ましくない傾向を知っておくためである。たとえば、必要とする時間を過小評価する傾向であり、逆に過大評価する傾向である。あるいは、開発研究の規模を過大評価しながら、その成果を製品やプロセスにつなげるうえで必要な資源を過小評価する傾向である。また、よく見られることとして、まさに新しい事業が軌道に乗りかけているときに、マーケティングや販売促進の手を抜き、それまでの努力を無にする傾向である。

もちろん、成果を期待にフィードバックすることは、問題が生じて再検討が必要になることを示す最初の兆候は何か、問題が起こりそうであっても実際にはうまくいくことを示す兆候は何か、さらには予想よりも時間がかかることを示す兆候は何かを知るうえでも必要である。

イノベーションの定期点検

第二に、イノベーションにかかわる活動全体を定期的に点検していくことである。起業家的であるためには、数年ごとにみずからのイノベーションをまとめて評価しなければならない。どのイノベーションに力を入れ推進するか、どのイノベーションが新しい機会をもたらすか、逆にどのイノベーションが期待どおりに進んでいないか、それらのイノベーションをどうするか、諦めるか、期限つきでさらに努力するかを考えなければならない。

ある大手医薬品メーカーでは、年に一度、トップマネジメントがイノベーションにかかわる活動をすべて点検している。あらゆる新薬開発プロジェクトについて、望ましい方向に望ましい形で進んでいるか、製品ラインに加えられるか、それとも他社にライセンスを売ったほうがよいか、あるいは諦めたほうがよいかを検討している。

このメーカーでは、新薬の開発以外の分野、たとえばマーケティングに関するイノベーションについても点検している。さらには競争相手のイノベーションについても点検している。このメーカーが開発研究費やその他のイノベーションにかけている費用は、他社並みである。だがその実績は群を抜いている。

イノベーションの業績評価

第三に、イノベーションの成果全体を、イノベーションにかかわる目標、市場における地位、企業全体の業績との関連において評価することである。たとえば五年ごとに、主な部門のすべてに対し、この五年間わが社を変えるようないかなる貢献を行なったか、これからの五年間いかなる貢献を行なうつもりかを問わなければならない。

とはいえ、そもそもイノベーションの成果は定量化できるのか、いかにすれば定量化できるかという問題は残る。事実、イノベーションの成果が簡単には測定できない場合、あるいは厳密には測定すべきでない場合がある。

やがて癌の治療につながるかもしれない発見と、週三回の通院を不要にする医薬品の開発のいずれが重要か。あるいは、重要な取引先を失わないための新サービスと、数年後にトップの地位を与えてくれるかもしれない新製品のいずれが重要かは測定できない。

必要なことは測定ではなく判断である。判断といっても主観ではない。定量化できなくともよい。判断さえできれば、主観や推測ではなく知識にもとづいた行動が可能になる。

既存の企業にとって、特に重要な意味をもつ問いが、イノベーションにおいてリーダーシップをとっているかどうかである。あるいは、リーダーシップを維持しているかどうかである。リーダーシップは必ずしも規模に一致しない。それはリーダーとして受け入れられること、基準の設定者として認められることである。従わされるのではなく、先頭に立つことである。これこそ既存の企業の起業家精神にかかわる最も重要な基準である。

起業家精神のための組織構造

これらの経営政策と具体的な方策が揃って、はじめてイノベーションと起業家精神が可能となる。障害を除去し、あるいは軽減することができる。イノベーションと起業家精神のための正しい姿勢をもたらし、適切な手段を手にすることができる。

だが、イノベーションを行なうのは人である。人は組織のなかで働く。したがって、既存の企業がイノベーションを行なうには、そこに働く一人ひとりが起業家になれる組織構造が必要である。起業家精神を中心に諸々の関係を構築する必要がある。さらには報酬、報奨、人事を起業家精神に報いるものにする必要がある。それらのものが起業家精神を阻害することがあってはならない。

起業家的な事業は既存の事業から分離して組織しなければならない。起業家的な事業を既存の事業に携わる組織に行なわせるならば、失敗は目に見えている。

その理由の一つは、既存の事業は、それに責任をもつ人たちから膨大な時間とエネルギーを奪うからである。既存の事業にはそれだけの価値がある。新事業は既存の事業と比べるならば、さして期待のもてないつまらないものに見える。しかも、悪戦苦闘するイノベーションを養ってくれるものは既存の事業である。今日の危機に対しては、今日対処しなければならない。したがって、既存の事業に責任をもつ人たちは、イノベーションにかかわる活動をすべて手遅れになるほど先延ばしにする。

われわれはすでに三〇～四〇年も前から、既存の事業を担当する人たちはそれらの事業の拡大、修正、調整しかできないことを知っている。新事業は別の人たちに担当させなければならない。

担当トップへの直結

新事業の核となるべき人は、かなり高い地位にあることが必要である。新事業の規模、売上げ、市場は既存の事業の比ではないかもしれない。しかしトップマネジメントの一人が、明日のためにその特別の仕事に責任を負わなければならない。専任である必要はない。特に中小の企業では、専任が必要なほどの仕事量になることはない。だが、それは明確に定められた仕事であって、権限と権威をもつ者が全面的な責任をもつものでなければならない。

通常そのような人は、企業そのものを起業家的にさせるための経営政策、すなわち廃棄の制度化、レントゲン写真による企業診断、イノベーションの必要度の把握についても担当することになる。イノベーションの機会についての体系的な分析も担当する。さらに、若い人たちとのインフォーマルな会合から出てくる提案の評価にも責任をもつ。

イノベーションにかかわる仕事、特に新事業、製品、サービスの開発を目的とする仕事は、原則としてすべて既存の事業のマネジメントではなく、このトップに直結させなければならない。既存の事業に責任をもつマネジメントのもとに、そのような仕事をおいてはならない。

新事業はいわば赤ん坊であって、しかも赤ん坊でいる期間はかなり長い。赤ん坊をおくべきところは育児室である。成人すなわち既存の事業や製品を担当する者には、赤ん坊に割ける時間はない。理解もしない。そもそもかかわっている余裕がない。

この原則を無視したために、ロボット産業におけるトップの地位を失った大手の工作機械メーカーがある。そのメーカーは、オートメ用工作機械の基本特許をもつだけでなく、優れたエンジニアリングと生産の能力をもっていた。しかし、いずれロボット業界のトップの地位を占めるものと見られていたにもかかわらず、一〇年後には完全に脱落してしまっていた。

そのメーカーは、オートメ用工作機械を担当する部門を、トップから三つか四つ下のレベルにおいた。それは在来型の工作機械の設計、生産、販売を担当する人たちの部門だった。彼らは協力的だったし、事実ロボットは彼らが生んだものだった。

しかし現実には、彼らは既存の製品ラインを競争相手の日本企業から守るために、設計のやり直し、顧客へのプレゼンテーション、マーケティング、資金の手当て、アフターサービスに忙殺されていた。赤ん坊の担当者が決裁を仰いでも、今は忙しいから来週にしてくれといっていた。ロボットは期待にすぎなかったが、在来型の工作機械は毎年数百万ドルをもたらしていた。残念ながら、これはよくあることである。

独立した事業としてスタートさせる

新事業の息の根をとめることを防ぐおそらく唯一の方法は、はじめから独立した事業としてスタートさせることである。事業として一人立ちするか中止になるまで、専任のプロジェクト・マネジャーをおくことである。しかもこのプロジェクト・マネジャーは、研究、生産、財務、マーケティングの専門家を必要なときに必要なだけ動員することができなければならない。

もちろん複数のイノベーションを手がけている場合、トップマネジメントの一人がそれらのすべてを担当することもできる。技術や市場や製品が異なっても問題はない。いずれも起業家的な新事業であり、同じ小児病にかかる危険がある。起業家的な新事業が直面する問題やそれが必要とする意思決定は、技術、市場、製品の種類にかかわりなく、すべて同類とみてよい。

新事業については、誰か一人が時間を割き、注意を払い、問題を理解し、意思決定を行なうなど面倒を見なければならない。そして、このイノベーションを担当する者は、もっぱら赤ん坊のために働き、しかも見込みがなければ中止させられる高い地位になければならない。

新事業やイノベーションにかかわる仕事を独立させて行なう理由はもう一つある。それは負担を軽くするためである。加えて報酬の問題がある。成人になっている事業で機能する報酬システムが、赤ん坊を殺すことがある。それでいながら、特に中核的な人材への適切な報酬とならないことがある。今日、大企業で人気のある資産収益率や投資収益率に連動させた報酬システムは、新事業にとっては障害となる。

私は、このことを何年も前にある大手化学品メーカーの例から知った。ある事業部では、ある新材料を開発しなければならないことを承知していた。開発研究の計画は手元にあり、基礎研究もすんでいた。だが、それ以上は何もしなかった。何か理由を見つけていた。

しかしあるとき、ついに事業部長が全社レベルの経営会議で次のように発言した。「私をはじめ事業部の者は投資収益率にもとづいて報酬を決められている。しかし、あの新材料の開発に資金を投入すると、事業部の収益率は少なくとも四年は半減する。そもそも会社がそのような低い収益率に我慢してくれるかどうかが疑問である。たとえ収益率が上がりはじめる四年後まで誰も首にならなかったとしても、事業部のマネジメント全員の報酬が大幅に下がることになる。私としてはそのようなことはできない」

こうしてようやく、新材料の開発費は報酬の基礎となっていた投資収益率の計算から外された。その結果、一年半後には無事新材料が開発された。二年後には、今日まで維持することになったトップの地位がもたらされた。事業部の利益も四年後には倍増した。

担当者の処遇

行なうべきことはかなり矛盾している。新しい事業に、それが担えるはずのない負担を負わせてはならない。しかも、新しい事業を担当する人たちを、しかるべき報酬によって動機づけなければならない。つまり、新しい事業を担当する人たちに過度の報酬を払えず、といって以前より報酬を下げることも現実的ではないということである。しかも、既存の企業において新事業を担当する人たちは、もともとかなりの収入を得る能力のある人たちである。内外を問わず、どこにいても高い報酬を得られる。

したがって、当初の報酬は新事業を担当する直前の水準に合わせておくことが妥当である。そして、新製品や新市場あるいは新サービスの開発に成功し、事業として発展させた暁には、3Mやジョンソン・アンド・ジョンソンのように担当副社長や事業部長に任命し、相応の地位やボーナス、あるいはストック・オプションを与えるようにすべきである。これはかなりの報酬である。しかし、企業にとっては成功報酬にすぎない。

あるいは、税制次第ではあるが、新事業による利益の一部を担当者に直接与えてもよい。たとえば新事業を独立した企業とみなし、その株式の二五パーセント分を与えて後日その持ち分を買い取ってもよい。

しかし、それだけでは十分ではない。新事業を担当する人たちはいわば冒険をしているのであって、企業の側も相応のことをしなければ公平といえない。イノベーションを担当する人たちは、たとえ失敗しても元の仕事、元の報酬に戻れるようにしておくべきである。失敗をほめる必要はないが、挑戦に罰を与えてはならない。

個別の報酬の問題からも明らかなように、イノベーションの収益パターンは、既存の事業とは異なる。したがって、評価測定の方法も異なるものにしなければならない。既存の事業や製品については、毎年一五パーセントの税引前利益と年間一〇パーセントの成長という目標は意味がある。だが、新事業については意味をなさない。ある意味では高すぎ、ある意味では低すぎる。

新事業は長い間、往々にして数年間は利益も成長ももたらさない。資源を食うだけである。しかし突然成長し、開発に要した資金の五〇倍以上を回収する。さもなければイノベーションとして失敗である。イノベーションは小さく始め、大きく実を結ばせなければならない。しかしそのためには、そもそものはじめから、小さな特殊製品の開発や既存製品の若干の充実といったことではなく、大きな新事業を生むべきものとしてスタートさせなければならない。

既存の企業が起業家的であるためには、一人の人間あるいは一つの単位組織に、イノベーションにかかわる全責任をもたせなければならない。大企業ではトップマネジメントの一人にこの責任をもたせている。それほど大きくない企業では、ほかの仕事と兼務させてもよい。巨大企業ともいうべき大企業では独立した部門や子会社を設立している。

その最も古い例が、一八七二年、民間メーカー（ドイツのジーメンス）における最初の大卒技術者ヘフナー・アルテネックが設立した企業研究所だった。この研究所は、新製品や新工程の開発について全責任を担い、最終用途や市場の開発についても全責任を担った。技術的な段階だけでなく、新工程や新製品の導入、さらにはそれらの収益についても責任を担った。

その五〇年後の一九二〇年代、アメリカのデュポンがこれに似た組織をつくり、開発部と名づけた。イノベーションの提案を集め、分析し、そのうち新事業として取り組むべきものをトップマネジメントに提案した。そのあとは、研究、開発、製造、マーケティング、財務などあらゆる分野の人材を動員することができた。そして市場に出るまでの間、それらの新事業の面倒を見た。

イノベーションのための組織づくり

ここで、これらのことはすべて必要だろうかとの疑問が生じて当然である。かえって、起業家精神や創造性を殺すことにならないか。絶対に必要なことか。この疑問への答えは、「必要ないかもしれない。しかし、これらのことを抜きにしてはあまりうまくいかず、長続きもしないだろう」というものである。

起業家精神については、トップマネジメント、特にＣＥＯの個性や姿勢が問題にされることが多い。もちろん、トップは社内の起業家精神を傷つけ殺すことができる。新しい考えにことごとくノーをいい、それを何年か続ければよい。新しい考えをもつ人たちが報酬や昇進を得ることのないようにし、すぐ辞めてしまうようにすればよい。

しかし、起業家精神についての書物の多くが示唆しているように、トップマネジメントの個性や姿勢だけで起業家的な事業を生み出すことはありえない。私が知っている企業のなかにも、創業者が独自のマネジメントをしている企業がいくつかあった。しかしそれらの企業は、たとえ最初のうちは成功しても、やがて起業家としてのマネジメントを行なわなくなり起業家的ではなくなってしまった。

トップマネジメントの個性や姿勢だけでは十分ではなくなるのは、中堅企業でさえすでにかなりの規模だからである。中堅企業といえども、行なうべきことを知り、それを行なおうとし、それを行なうための手段を手にする大勢の人たちを必要とする。実際にそのような人たちがいなければ、すべてが口先に終わる。起業家精神もＣＥＯのスピーチに出てくるだけになる。

私の知るかぎり、創業者が起業家精神のためのマネジメントを組織のなかに確立していなかった企業で、創業者がいなくなっても起業家的でありつづけたところは一つもない。起業家としてのマネジメントを欠くならば、遅くとも数年で臆病になり後ろ向きになる。しかも通常そのような企業は、自分たちを抜きんでた存在にした基本的な特質が失われたことを、手遅れになるまで認識できない。

創業者のマネジメントのもとで、とりわけ優れた起業家的事業を行なっていた二つの企業、ウォルト・ディズニー・プロダクションとマクドナルドが、そのよい例だった。それぞれの創業者ウォルト・ディズニーとレイ・クロックは、想像力と活力にあふれ、創造性、起業家精神、イノベーションのかたまりのような人だった。どちらも日常業務のための強力なマネジメントをつくりあげた。

だが彼らは起業家的な責任を一人でもちつづけた。いずれもみずからの起業家的な個性に頼り、組織に起業家精神を定着させなかった。その結果、彼らが亡くなって数年後には、どちらの会社も活力を失い、後ろ向きになり、臆病になり、防衛的になっていた。

これに対し、起業家的なマネジメントを組織構造のなかに確立していた企業、P&G、ジョンソン・アンド・ジョンソン、マークス・アンド・スペンサーは、CEOの交代や景気動向にかかわりなくイノベーションと起業家精神のリーダーでありつづけた。

起業家精神のための人事

イノベーションと起業家精神のためにいかに人事を行なうか。そもそも既存の企業に起業家なるものは存在しうるのか。起業家とは既存の企業には生息していない特殊な人たちなのではあるまいか。

この問題を扱っている文献はたくさんある。起業家的な個性やイノベーションしか行なわない人間についての物語は多い。しかし経験の教えるところによれば、それらの議論にはほとんど意味がない。そもそも起業家的であることが苦手な人たちが、進んでそのような仕事を引き受けるはずがない。はなはだしいミスマッチは起こりようがない。

イノベーションと起業家精神の原理と方法は誰でも学ぶことができる。ほかの仕事で成果をあげた者は起業家としての仕事も立派にこなす。起業家的な企業では、誰が仕事をうまく行なえるかを心配する必要はない。あらゆる性格と経歴の人たちが同じようによい仕事をしている。

また、起業家的な事業に成功した人たちのその後についても心配する必要はない。たしかに、新しいものを始めることには興味があるが、その後のマネジメントはしたくないという人はいる。

まだイギリスに乳母なるものがいた当時、彼女たちの多くは赤ん坊が口をきき、歩くようになり、もはや赤ん坊ではなくなると辞めていった。しかし、赤ん坊が子供へと育った後も世話をすることに抵抗を感じず、そのままとどまる乳母もいた。そもそも起業家以外の者になりたくない人たちは、はじめから既存の企業にそう多くはない。いわんや既存の企業で成功することなどさらにない。

既存の企業において起業家として優れた仕事をする人たちは、通常それ以前に日常のマネジメントでも能力を示している人たちである。イノベーションを行なうことと、既存の事業をマネジメントすることの両方を行なえると見てよい。

P&Gや3Mにも、一つのプロジェクトを成功させるや、直ちに新しいプロジェクトに着手する人たちがいる。しかし両社においても、マネジメントの上層部のほとんどは、プロジェクト・マネジメント、プロダクト・マネジメント、マーケット・マネジメントというように全社的な高い地位に順次のぼってきている。ジョンソン・アンド・ジョンソンやシティバンクについても同じことがいえる。

起業家精神は個性ではない

起業家精神とは個性の問題ではなく、行動、原理、方法の問題であることを最もよく示す事実として、アメリカでは大企業を辞めた後、第二の人生として起業家の道を選ぶ中高年が急増していることがあげられる。

大企業で二五年から三〇年を過ごしてきたマネジメントや専門職の人たちが、自分がもはや最終ポストに達したことを知って早期退職する。五〇歳や五五歳で起業家として独立する。特に技術系の人たちは、ベンチャーを顧客とするコンサルタントになる。あるいはベンチャーのマネジメントに参加する。彼らの多くが新しい仕事に成功する。

アメリカ退職者協会の機関誌「モダン・マチュリティ」には、そのような人たちの成功物語や、そのような人たちを求めるベンチャーの広告がたくさん載っている。

私が教えていたCEO向けのセミナーにも、そのような第二の人生を歩みつつある起業家が何人もいた。私は、大企業で働いていた当時、起業家的な個性に特有の欲求不満や挫折を感じたことがあったかどうかを彼らに聞いてみた。

ところが、彼らはその質問自体がおかしいと答えた。そこで、私は仕事の性格が変わったことで苦労はなかったかと聞いた。彼らはその質問もおかしいといった。彼らの一人はこういった。「優れたマネジメントというものは、どこへ行っても優れたマネジメントである。かつて私がいた売上げ数十億ドル、年間利益一億八〇〇〇万ドルのGEの一部門であっても、現在私が働いている売上げ六〇〇万ドルの医療機器のベンチャーであっても同じだ」「もちろん仕事の内容ややり方は違う。だが考え方や分析の仕方は同じだ。一〇年前に技術畑からマネジメントの仕事に移ったときよりも、今度の転職のほうが簡単だった」。この発言にはほかの出席者もうなずいていた。

もちろん起業家的なプロジェクトを成功させるためには、組織構造が適切でなければならない。諸々の関係が適切でなければならない。報酬や報奨がふさわしくなければならない。しかし、誰にイノベーションのための部門を担当させるか、彼らが成功した後の処遇をどうするかは、裏づけのないあれこれの心理学ではなく、あくまでも人物本位で決めるべきことである。

起業家的なプロジェクトのための人事も、ほかの人事と同じである。リスクがともなう。人事には常にリスクがともなう。もとより人事の決定は、慎重かつ細心に行なわなければならない。適切に行なわなければならない。徹底的に考えなければならない。大勢の候補をあげなければならない。一人ひとりの実績を調べなければならない。一人ひとりについて一緒に働いた経験のある者からヒアリングをしなければならない。これらはあらゆる人事についていえることである。しかも、起業家的な仕事のための人事の成功率は、ほかの人事のそれと変わることはない。

起業家精神にとってのタブー

既存の企業が起業家的であるためには、行なってはならないことがいくつかある。

最も重要なタブーは、管理的な部門と起業家的な部門を一緒にすることである。起業家的な部門を既存の管理的な部門の下においてはならない。既存の事業の運営、利用、最適化を担当している人たちにイノベーションを任せてはならない。既存のもののための原理や方法を変えることなく起業家的であろうとしても無理である。失敗は必至である。片手間に起業家的であろうとしてもうまくいかない。

この一〇年ないし一五年、アメリカの大企業の多くが起業家と合弁事業を組んでいる。成功したものはあまりない。起業家は官僚的、形式的、保守的な大企業の原則、ルール、文化に息を詰まらせる。彼らのパートナーとなった大企業の人間も、起業家の行なうことが理解できない。彼らが規律に欠け、粗野で、夢想家に見える。

大企業が起業家として成功しているのは、多くの場合、みずからの人材によって新しい事業を手がけたときである。互いに理解しあえる人たち、信頼しあえる人たち、仕事の進め方を知っている人たち、パートナーを組める人たちが仕事をしたときである。

もちろん企業全体に起業家精神が浸透していること、すなわち企業全体がイノベーションを望み、イノベーションに手を伸ばし、イノベーションを必然の機会と見ていることが前提である。組織全体が新しいものに貪欲になっていなければならない。

得意分野を攻める

いかなる組織であろうと、得意分野以外でイノベーションを行なおうとしても成功することはない。イノベーションが多角化であってはならない。いかなる利点があるにせよ、多角化はイノベーションや起業家精神と相容れない。理解していない分野で新しいものを試みるのはむずかしい。

既存の企業がイノベーションを行なうことができるのは、市場や技術について卓越した能力をもつ分野においてのみである。新しいものは必ず問題に直面する。そのとき事業に通暁していなければならない。多角化は市場や技術について既存の事業との共通性がないかぎり、うまくいかない。たとえ共通性があったとしても、多角化はそれ自体に問題がある。

多角化にともなう問題に起業家精神にともなう問題が加わってしまったら、結果は最悪である。イノベーションはみずからが理解しているところでしか行なえない。買収すなわちベンチャーの取得によって起業家的な企業になろうとしてはならない。

買収は、買収先の企業にかなり早い段階でマネジメントを送り込まないかぎり成功しない。買収された側のトップマネジメントが長くとどまることはほとんどない。オーナーならば、すでに金持ちになっている。雇われ経営者ならば、さらに厚遇されそうな場合しかとどまらない。したがって、買収した側は買収後一、二年のうちに、買収された側にマネジメントを送り込まなければならなくなる。

このことは、特に起業家的でない企業が起業家的な企業を買収したときにいえる。買収されたベンチャー側のマネジメントは、新しく親会社となった企業の人たちとは一緒にやっていけないことを知る。その逆も起こる。私自身、丸ごと買収がうまくいった例を知らない。

この急激な変化の時代にあって、イノベーションを行ない、成功し、繁栄したいのであれば、起業家的なマネジメントをみずからの組織に構築しなければならない。大企業であれ中小企業であれ、既存の企業が起業家として成功するには、起業家的な企業としてマネジメントしなければならない。

12章　イノベーションの機会はどこにあるか

最近よく起業家的性格なるものが論じられる。しかし、私がこの三〇年間に出会った起業家のなかに、そのような性格の起業家はほとんどいなかった。逆に、そのような性格をもちつつ、まったく起業家的でない仕事、たとえばセールスマンや外科医、新聞記者や学者、あるいは音楽家として成功している人たちが大勢いた。

成功した起業家に共通するのは、性格ではなく体系的にイノベーションを行なっていることである。イノベーションこそ起業家に特有の機能である。既存の企業でもベンチャーでも変わりない。イノベーションこそ起業家が富を生み出す道具である。

イノベーションを生み出す七つの機会

起業家精神の定義には混乱がある。もっぱら中小企業にこの言葉を使う人がいるが、実際には歴史のある大企業の多くが起業家精神を発揮している。起業家精神とは企業の大きさや新しさではなく、ある種の特別な活動にかかわる言葉である。その活動の中心にあるものがイノベーション、すなわち経済的、社会的な能力に変化をもたらす仕事である。

天才のひらめきから生まれるイノベーションもある。だが成功したイノベーションのほとんどは、イノベーションの機会に対する体系的な探求から生まれている。

イノベーションの機会は、産業の内部に四つある。第一が予期せぬこと、第二がギャップ、第三がニーズ、第四が産業構造の変化である。イノベーションの機会は産業の外部にも三つある。すなわち、第五が人口構造の変化、第六が認識の変化、第七が新知識である。これら七つの機会は互いに重複する。それぞれが、それぞれのリスク、むずかしさ、複雑さをともなう。だがイノベーションのほとんどが、これら七つの機会から生まれている。

予期せぬこと

まず、最も単純かつ容易なイノベーションの機会として予期せぬ成功がある。大恐慌時の一九三〇年代はじめ、ＩＢＭがコンピュータを売り込もうとした金融界には金がなかった。創立者トマス・ワトソン・シニアによれば、そのとき救ってくれたものが予期せぬ成功だった。最初にニューヨークの公立図書館が買ってくれた。ニューディール時代でもあった当時、金は銀行ではなく図書館にあった。ワトソンは各地の図書館に当時の高価なコンピュータを一〇〇台売った。

その一五年後、ごく普通の企業が、給与計算用としてコンピュータに関心を示した。当時最先端のコンピュータを開発していたユニバックは、そのような使い方に拒絶反応を示した。ところがＩＢＭはこの予期せぬ成功に目をつけ、コンピュータを給与計算用に設計しなおした。そして五年を経ずしてコンピュータ産業の雄となり、それ以降、その地位を確保することになった。

予期せぬ失敗も、イノベーションの機会として同じように重要である。フォードのエドセルは、自動車産業の歴史において新車開発の最大の失敗として知られる。ところがエドセルの失敗が、やがてフォードの成功の基礎となったことについてはあまり知られていない。

フォードは正面切ってGMと戦うためにエドセルを開発した。企画、調査、設計の綿密さにもかかわらず開発が無惨な失敗に終わったとき、同社は、あらゆる自動車メーカーがそれまで設計とマーケティングの前提としてきたものに反する何かが市場に起こったにちがいないと考えた。市場は所得階層ではなく、ライフスタイルによって細分化されるようになっていた。この変化に対しフォードがとった行動が、ムスタングとサンダーバードの開発だった。同社はふたたび自動車市場において、個性的なリーダーとしての地位を得た。

予期せぬ成功と失敗は、イノベーションの機会として実り豊かである。なぜなら、競争相手が相手にせず、無視し、敵視さえしてくれるからである。

ギャップの存在

医薬品のニッチ企業アルコン・インダストリーズは、創立者ビル・コナーが技術上のギャップをイノベーションの機会として利用し、一九六〇年代最大の成功物語の一つとなった。

白内障の手術はありふれたものである。三〇〇年にわたる経験の積み重ねにより、この手術は小さな靱帯にメスを入れる部分を残して完全に定型化された。眼科の手術医は常に成功するだけの技術を身につけていた。しかし、メスを入れるプロセスだけは手術全体のなかにあって異質で、不安な部分だった。そこには一つのギャップが存在していた。

一方、靱帯を溶かす酵素の存在は五〇年前から知られていた。コナーが行なわなければならなかったことは、その酵素を数カ月生かしておくための保存薬を探すことだけだった。眼科医たちは、直ちにコナーの新製品を使うようになった。

イノベーションの機会としてのギャップは、このようなプロセス上のものだけではない。業績上のギャップもイノベーションの機会となる。たとえば一九五〇年から七〇年までの先進国の鉄鋼業のように、市場が拡大しているにもかかわらず利益率が低下しているとき、そこには業績上のギャップが存在する。このギャップに対するイノベーションが電炉だった。

認識のギャップもイノベーションの機会となる。今世紀前半の五〇年間、海運業は高速化と省エネに力を入れていた。ところが高速化と省エネに成功するほど、外洋貨物船の経済効率は低下した。一九五〇年当時、外洋貨物船はかろうじて生き延びてはいたものの瀕死の状態にあった。

問題は現実と認識とのギャップにあった。海運業の余分なコストは、船舶の稼働時である航行中ではなく、遊休時である停泊中に発生していた。どこでコストが発生しているかさえ明らかになれば、行なうべきイノベーションは明らかだった。コンテナ船であり、輸出車を運転して乗せるロールオン・ロールオフ船だった。いずれも新しい技術を必要とせず、しかも鉄道とトラックでは三〇年も前から行なっていることだった。

ニーズの存在

日本で車を運転すると道路が錯綜していることに気づく。多くの道路が一〇世紀頃の道をもとにしている。そのような道路を車が走れるのは視線誘導標のおかげである。車の流れをよくし、事故をなくしてくれるこの小さなイノベーションはニーズにもとづくものだった。

一九〇九年頃、AT&Tの調査部が、今後一五年間の電話通話量と人口の伸びを予測する二つのグラフを作成した。この二つのグラフは、一九二〇年にはアメリカの独身女性の全員が交換手にならなければならなくなることを示していた。ニーズは明らかだった。二年後、AT&Tは自動交換機を開発した。

今日われわれがマスコミと呼んでいるものも、一八九〇年頃行なわれた二つのニーズにもとづくイノベーションから生まれた。その一つが、新聞を迅速かつ大量に印刷することを可能にしたメルゲンタ－ラ－の自動植字機だった。もう一つが、「ニューヨーク・タイムズ」のアドルフ・オクス、「ニューヨーク・ワールド」のジョセフ・ピュリッツァー、ウィリアム・ランドルフ・ハーストの三人の新聞発行者が行なった、広告という社会的イノベーションだった。新聞は広告のおかげで誰でも買える安いものになった。

産業構造の変化

産業構造というものは、あたかも神が定めた不変のもののように見えるかもしれない。だが、それは一夜で変わるものであって、事実一夜で変わってきた。この産業構造の変化がイノベーションの機会となる。

最近数十年における最大の成功物語の一つとして、先ごろエクイタブル生命によって買収された証券会社ドナルドソン・ラフキン&ジェンレット（DL&J）がある。同社は一九六一年、機関投資家が圧倒的な存在となることを認識したハーバード・ビジネススクール出身の三人の青年によって設立された。彼らには資金もコネもなかった。しかし数年後には、証券業界の手数料自由化の流れにおいてリーダー役を果たし、ウォール街のスターとなった。

同じように、構造の変化が絶好のイノベーションの機会となった産業に医療産業がある。最近アメリカでは無数の外科クリニック、神経科クリニック、救急センター、HMO（医療保険組合）が設立されている。

通信でも産業構造の変化にともないイノベーションの機会が生まれた。機器に関しては構内交換機の製造でＲＯＬＭ社が頭角をあらわし、通信に関しては長距離電話のＭＣＩやスプリント社が出現した。

産業が急速に成長するとき、たとえば一つの目安として一〇年以内に四〇パーセント成長するときにも産業構造は変化する。しかもそのとき、すでに基盤を確立している企業はみずからが手にしているものを守ることに汲々とし、新規参入者の挑戦に応じようとしない。

しかも産業構造が変化するとき、伝統を誇るリーダー的な企業はなぜか成長の最も急な市場を無視する。そのうえ、それまでの市場への取り組み、市場の定義の仕方、組織のあり方が、新しく生まれた機会に対処するには不適切になる。したがって、イノベーションを行なった企業はかなりの期間、自由に行動することができる。

人口構造の変化

次が産業の外部におけるイノベーションの機会である。それらのうち最も確実なものが人口構造の変化である。人口構造の変化には確定したリードタイムがある。二〇年後に労働力市場に参入してくる若年労働者はすでに生まれている。

ところが、あまりに多くの者が人口構造の変化を無視する。そのために、人口構造をイノベーションの機会として利用する者は大きな実りを手にする。

今日、日本がロボット先進国になっているのは、人口構造の変化にいち早く気づいたからである。一九七〇年頃には、いずれの先進国も出生率の低下と教育水準の向上に気づいていたはずだった。すでに中卒の進学率は五〇パーセントを超えていた。したがって、製造業において普通の肉体労働者が不足することは明らかだった。だが、この変化に対処したのは日本のメーカーだけだった。今日、日本はロボットの導入において、他の先進国を一〇年は先行している。

旅行業やリゾート業としての地中海クラブの成功についても同じことがいえた。一九七〇年前後には、多少注意して観察すれば、高学歴で豊かな若者が急速に増えていることに気づいたはずだった。新しい労働者階級の親が楽しんだブライトンやアトランティックシティでの休暇に満足できない彼らが、新しい種類のエキゾチックな場所にとって、まさに理想的な顧客となった。

人口構造の変化が大きな意味をもつことは誰でも知っている。ところが、人口構造は緩慢にしか変化しないと思いこんでいる。人口構造の変化は緩慢どころではない。しかも、人口総数、年齢構成、教育水準、職業分布、地域分布の変化がもたらすイノベーションの機会は、起業家の世界において最も実りが大きく、かつ最もリスクが小さい。

認識の変化

コップに半分入っているのと半分空であるのとは、量的には同じである。だが意味は違う。世の中の認識が前者から後者に変わるとき、大きなイノベーションの機会が生まれる。

この二〇年間に、アメリカ人の健康が未曾有の増進を見せたことはあらゆる事実が示している。新生児の生存率や高齢者の平均余命、あるいは癌の発症率とその治癒率など、およそあらゆる数字が大きく改善した。ところがアメリカ人は、集団ノイローゼにかかっているかのようである。健康への関心と不安がこれほど高まったことはない。突然あらゆるものが癌、心臓病、ボケの原因に思われはじめた。明らかにコップは半分空である。

健康や医療の長足の進歩を喜ぶどころか、アメリカ人は不死からいかに遠くにいるかに気をとられている。実はそのような物の見方の蔓延が、医療雑誌、健康食品、スポーツジム、さらにはジョギング用品にいたるまでの数多くのイノベーションの機会を生んだ。事実、最近最大の成長を遂げたベンチャーは室内運動器具メーカーだった。

認識の変化は事実を変えない。事実の意味を変える。しかも急速に変える。かつてコンピュータは、一般の人にとっては恐ろしいものであって大企業が使うものだった。ところが突然、それは彼ら一般の人たちが税の申告に使うものになった。

認識の変化をもたらすものは経済的な要因とは限らない。経済とはまったく無関係のものもある。コップに半分入っていると見るか半分空だと見るかを規定するものは、事実ではなく時代の空気である。もちろんそれは定量化できない。だが、それは得体の知れないものでも、把握不能なものでもない。きわめて具体的である。明らかにすることができ、確認することができる。そして何よりも、イノベーションの機会として利用することができる。

知識によるイノベーション

歴史を変えるイノベーションには、科学技術や社会にかかわる新知識にもとづくイノベーションが多い。それらは起業家精神の華である。名を広め、富を与える。通常、イノベーションといわれているものがこれである。しかし、知識にもとづくイノベーションのすべてが重要なわけではない。取るに足りないものもある。

知識にもとづくイノベーションは、必要な時間、失敗の確率、予測の不確実さ、起業家にとっての試練など、いずれも他のイノベーションと比べてまったく異質である。他のスーパースターたちと同じように気まぐれであって、いうことを聞かない。

通常、イノベーションにとって新知識が意味をもつようになるには、二つ以上の知識の出現を必要とする。知識にもとづくイノベーションのうち、最も大きなものの一つである近代銀行業がその典型だった。経済発展のための資金供給という起業家的銀行の理論は、ナポレオンの時代にサン＝シモンが唱えた。その弟子であるヤコブとイザックのペレール兄弟が、最初の起業家的銀行としてクレディ・モビリエを創立し、いわゆる金融資本主義の先駆となったのが、サン＝シモンの死後三〇年のことだった。

しかしペレール兄弟は、ちょうど同じ頃、海峡の向こう側イギリスで発達しつつあった近代的商業銀行のことは何も知らなかった。そのため彼らの銀行は失敗に終わった。

その一〇年後、アメリカのJ・P・モーガンとドイツのゲオルグ・ジーメンスという二人の若者が、フランスの起業家的銀行とイギリスの近代的商業銀行の機能を結合することによって、史上初の総合銀行として、ニューヨークにJ・P・モルガン&カンパニー、ベルリンにドイツ銀行を設立した。さらにその一〇年後、日本の若者、渋沢栄一がジーメンスの考えを導入し、日本に近代経済の基盤をつくった。これが知識にもとづくイノベーションのプロセスの典型だった。

知識によるイノベーションでは、長いリードタイムと、異なる知識の結合を必要とするという二つの特質から、独特のリズム、魅力、リスクが生ずる。

まず、論じられることはあっても具体的な行動はほとんどないという懐胎期がある。そして、突然あらゆる要素が結合し、興奮と行動の解放期が始まる。先進国では一八八〇年から九〇年にかけて、突然一〇〇〇社におよぶ家電メーカーが誕生した。そして突然ふるい落としの整理期が始まった。それら家電メーカーのうち一九一四年まで生き残ったものは三五社にすぎなかった。一九二〇年代はじめ、アメリカには三〇〇社から五〇〇社の自動車メーカーがあったが、一九六〇年にはわずか四社になっていた。

知識によるイノベーションをマネジメントすることは、むずかしくはあっても不可能ではない。まずはじめに必要なのは、イノベーションに必要とされる知識そのものについての徹底的な分析である。J・P・モーガンもゲオルグ・ジーメンスも銀行を設立したとき、この分析を行なった。ライト兄弟も飛行機を発明したとき、これを行なった。

さらにはニーズの分析、特にイノベーションのユーザーとなる人たちの能力についての徹底的な分析が必要である。一見矛盾に思えるかもしれないが、新知識によるイノベーションこそ市場志向でなければならない。

最初に旅客ジェット機を開発したイギリスのデハビランド社は、市場のニーズを分析しなかったために二つの重要な要素を見落とした。一つが路線に合わせた飛行機の大きさだった。もう一つが航空会社への融資の方法だった。同社はそれらの分析を行なわなかったために、商業ジェット機の市場をアメリカの二社、ボーイングとダグラスに取られた。

右脳と左脳が必要

イノベーションは、これら七つの機会の分析からスタートする。七つの機会のいずれが重要かは時と場所と産業による。

人口構造の変化は、鉄鋼生産のような生産プロセスのイノベーションには関係ない。これに対し、メルゲンターラーの自動植字機が成功したのは、熟練植字工の人口が読書人口の増大に対し不足していたからだった。同様に、科学上の新知識は、社会的な仕組みについてイノベーションを行なおうとする者にはほとんど関係がない。

しかしいかなる場合においても、イノベーションを行なおうとする者は、はじめにイノベーションの七つの機会のすべてについて分析を行なわなければならない。

イノベーションとは分析的な作業であるとともに、知覚的な作業である。したがって、イノベーションを行なう者はみずから出かけ、見たり、聞いたりしなければならない。イノベーションに成功するには、左脳と右脳の両方が必要である。数字を見るとともに、人を見なければならない。分析を行なうとともに、みずから出かけ、ユーザーとなりうる人たちを観察し、彼らの期待、価値、ニーズを把握しなければならない。

成功の秘訣とは

イノベーションを成功させるには集中しなければならない。一つのことしか行なってはならない。さもなければ混乱するだけである。まったくのところ、イノベーションに対する最高の賛辞は、どうして自分は気がつかなかったのかといわれることである。

イノベーションを成功させるには、新しいユーザーや市場を開拓するものであっても、具体的で明快、かつ直ちに使えるものにしなければならない。

成功するイノベーションは、小さくシンプルにスタートする。壮大ではない。具体的なことを一つだけしようとする。走行中に車両が電力を手に入れることであってもよい。そこから電車というイノベーションが生まれた。常に同数（五〇本）のマッチ棒を箱に入れることでもよい。そこからマッチ棒の自動詰め込みというイノベーションが生まれた。事実、スウェーデンのそのマッチ会社は半世紀にわたる独占を手に入れた。

はじめから大がかりな試みが成功することはほとんどない。しかし、大きな事業に育つか、ささやかなものに終わるかは予見できなくとも、世界の基準となり先頭を走る事業を生み出そうとしなければならない。最初からトップを目指すことなくして、イノベーションに成功することはない。

イノベーションとは、天才のひらめきではなく仕事である。それは知識、創意、集中を必要とする。たしかにイノベーションに適した人たちはいる。しかし彼らにしても、その能力を発揮できる分野は限られている。複数の分野でイノベーションを手がける人は稀である。エジソンは体系的にイノベーションを行なっていったが、電気の世界においてだけだった。シティバンクのような金融界のイノベーターが医療のイノベーションを手がけることもない。

イノベーションには、他のあらゆる仕事と同じように才能、知識、創意が必要である。しかしそれらのものは当然としても、本当に不可欠とされるものは、目的意識をともなう激しく集中的な仕事である。勤勉、忍耐、決意が欠けていたならば、せっかくの才能、知識、創意も役に立たない。

もちろん起業家精神には体系的イノベーション以外のものも必要である。起業家戦略が必要である。マネジメントが必要である。しかし、実践的にも原理的にも起業家精神の根幹となるものが、体系的イノベーションである。

Part 4

世界観の転換

13章　分析から知覚へ

一六九〇年頃、プロテスタントであったがゆえにドイツに逃れていたフランスの物理学者ドゥニ・パパンが蒸気機関を考えた。実際に組み立てたかどうかは不明だが、設計し安全弁をつくったことは確かである。その一世代後の一七一二年、イギリスのトマス・ニューカメンが最初の実用蒸気機関を組み立てた。これにより地下水が出ても石炭の採掘が可能になった。蒸気機関の時代の到来だった。

機械的世界観から生物的世界観へ

その後の二五〇年間、技術のモデルは機械となった。化石燃料がシステムの動因となった。やがて太陽の内部で起こっていることが究極の動因として登場した。一九四五年に核分裂が再現され、やがて核融合が再現された。そこが終点だった。その年、機械がモデルとされた時代が終わった。翌年一九四六年には、最初のコンピュータＥＮＩＡＣが登場した。情報がシステムの動因となる時代が始まった。情報は機械的なシステムではなく生物的なシステムの動因だった。

文明に与える影響において、システムの動因の変化を凌ぐものはない。紀元八〇〇年あるいは九〇〇年まで、中国は技術、科学、文化、文明のいずれにおいても西洋を大きくリードしていた。

ところが、ベネディクト会の修道士たちが新たなシステムの動因を発見した。それまでシステムの動因は二本足の動物、すなわち人だった。鋤をひいたのはその妻だった。ところが、「首あて」によって動物が使えるようになった。同時にベネディクト会の修道士たちは、それまで玩具にすぎなかった水車と風車を実用の機械に変えた。

二〇〇年後には、技術にかかわる歴史の主導権が中国から西洋に移った。そして牛馬の首あて、水車、風車の発明から七〇〇年後、パパンの蒸気機関が新技術をもたらし、機械的な世界観を生み出した。一九四六年には、コンピュータの発明によって情報がシステムの動因となり、ふたたび新しい文明が生まれることとなった。

情報技術がもたらす社会的影響

今日、情報技術が生産活動にもたらす影響について多くのことがいわれている。しかし、社会そのものに与える影響こそ重大である。はるかに重大である。すでに社会的な影響の一つについては、広く明らかである。すなわち、この種の変化は必ず起業家精神の爆発をもたらす。実は一九七〇年代後半にアメリカで始まり、その後一〇年を経ずして先進国のすべてに広がったこの度の起業家精神の波は、一七世紀以降四番目のものだった。

第一の波は一七世紀の半ばから一八世紀のはじめにかけて起こった。その引き金を引いたのは、最初の外洋貨物船による商業革命だった。第二の波は、一八世紀の半ばから一九世紀の半ばにかけて起こった。引き金となったのは今日、われわれが産業革命と呼んでいるものだった。第三の波は、一八七〇年頃の一連の新産業によって引き金を引かれた。それらの新産業は新製品を大量に送り出した。電力、電気機器、電話、鉄鋼、化学品、衣料品、自動車、航空機だった。

今われわれは、情報と生物学が引き起こした第四の波のなかにいる。かつての起業家精神の波と同様、第四の波もハイテクに限定されない。ミドルテク、ローテク、ノーテクを含む。また、ベンチャーにも限定されない。既存の大企業に起こっている。

起業家精神の波は、発明すなわち技術にも限定されない。社会的イノベーションは技術的イノベーションと同じように起業家的であり、同じように重大である。産業革命における社会的イノベーション、すなわち近代軍、公務員制度、郵便制度、商業銀行が社会に与えた影響は、鉄道や蒸気船が与えた影響と同じように大きかった。今日の起業家精神の時代においても、社会的イノベーション、特に政治、政府、教育、経済におけるイノベーションは、いかなる技術、いかなる製品のイノベーションにも劣らぬ影響をもたらす。

IT（情報技術）がもたらす社会的な影響には、もう一つすでに現実となり、広く論議の対象となっているものがある。すなわち国家、特に二〇世紀の異常児ともいうべき全体主義国家に対する影響である。全体主義国家は、それ自体が新聞、映画、ラジオなど近代メディアの産物であり、情報を完全に管理することによってのみ可能となる。ところが今日では、誰でも人工衛星から情報をとることができる。あまりに小さなアンテナは官憲にも発見されない。そのような状況のもとでは、国による情報規制などおよそ不可能である。

都市に与える影響

ITがもたらす社会的な影響として重要なものはいくつもある。その一つが、おそらくというよりはほとんど確実に二〇世紀型の大都市にもたらすであろう変化である。二〇世紀型の大都市は、一九世紀の偉大なイノベーション、すなわち人を仕事の場に運ぶ能力によって実現された。汽車、電車、自転車、自動車が人を動かした。二一世紀にはこの二〇世紀型の大都市が、二〇世紀に行なわれた最も偉大なイノベーション、すなわち仕事を人のいる場所に運ぶ能力によって変えられる。これからは人ではなく思考と情報が動く。

すでに東京、ニューヨーク、ロサンゼルス、ロンドン、パリ、ムンバイなど、二〇世紀型の大都市は役に立たなくなってしまった。もはやこれ以上、人を運び入れ運び出すことはできない。東京やニューヨークの通勤二時間の満員電車、ロンドンのピカデリーサーカスの車の混雑、ロサンゼルスの朝夕のハイウェイの交通渋滞が示すとおりである。

仕事を人のいる場所、すなわち郊外に運ぶことはすでに始まっている。クレジットカードの請求事務、建築の設計、保険事務である。これからは多くの人が自宅や郊外の事務所で働く。ファクシミリ、テレビ電話、テレビ会議が鉄道、自動車、航空機に代わる。

一九七〇～八〇年代における不動産ブームと高層ビルの建設ラッシュは、大都市の成功を示すものではなかった。それは衰退の始まりを示すにすぎなかった。衰退のスピードはゆっくりかもしれない。しかしわれわれは、もはやあの偉大な成果である大都市を必要としない。少なくとも現在の形態と機能のものは必要としない。

おそらく都市は、仕事の場ではなく情報の中心となる。ニュースやデータや音楽の発信基地となる。それは中世の大聖堂に似たものとなる。農民が年に一、二回、大きな祭日に集まってくる大聖堂である。ふだんは大聖堂付属の学校があり、学識ある聖職者がいるだけである。明日の大学もまた、学生が通う場所ではなく情報を発信する知識センターとなる。

この仕事の場の変化が仕事の方法を変える。仕事の内容を変える。こうしてＩＴが社会を変える。ただし、それがいつ、いかにして起こるかはまだわからない。

形態と機能

これからはあらゆる組織にとって、いかなる規模が適切であるかが課題となる。機械的なシステムでは、大規模化により一段と大きな成果をあげることができた。より大きな力が、より大きな産出を意味した。より大きいことが、より良いことを意味した。だがそれは、これからの生物的なシステムには通用しない。生物的なシステムでは、規模は機能により決まる。

ゴキブリにとって、大きいことは反生産的である。ゾウにとって、小さいことは反生産的である。生物学者は、ネズミはネズミとして成功するために必要なことをすべて知っているという。ネズミが人間よりも頭がよいかどうかは愚問である。ネズミはネズミとして成功するうえで必要なことについて、他のあらゆる動物の先を行っている。

情報化社会では、組織の規模は独立変数ではなく従属変数である。情報の本質からして、組織として機能しうる範囲内の最小限の規模が最適である。大きいことがよいことだといえるのは、規模が大きくなければ仕事ができないときに限られる。

コミュニケーションが行なわれるには、情報と意味の二つが必要である。意味が存在するにはコミュニケーションがなければならない。知らない言葉で電話がかかってきたら、通話状態がよくても理解はできない。言葉を理解ができなければ意味は存在しない。気象学者に理解できるメッセージも化学者には通じない。人の数が多すぎれば、コミュニケーションは不可能となる。コミュニケーションは確認の作業を必要とする。解釈の能力を必要とする。情報の共有を必要とする。考え方を知っていることが、情報をコミュニケーションに転換する触媒となる。

規模への信仰

あの大恐慌から一九七〇年代にいたる五〇年間、世の風潮は集中化と巨大化を志向した。一九二九年以前には、医者が手術以外で患者を入院させることはなかった。病院での出産もほとんどなかった。大部分の赤ん坊が家で生まれていた。

一九三〇年代にいたるまで、アメリカで最も活況を呈していた高等教育は中小の教養大学だった。ところが第二次大戦後、高等教育の中心は総合大学、さらには研究機能をもつマンモス大学に移った。政府機関にも同じことが起こった。企業の世界でも大きくなることが強迫観念となった。あらゆる企業が一〇億ドル企業を目指さなければならないかのようだった。

しかし、一九七〇年代に流れが変わった。政府機関にとっても、もはや大きくなることがよいことではなくなった。病気の治療にしても、やむをえない場合を除き、入院はしないほうがよいとされるようになった。七〇年代に入るまでは、たとえ軽度であっても精神障害は病院で治療した。七〇年代以降は、危険のないかぎり退院させるようになった。

われわれは二〇世紀の四分の三、特に第二次大戦直後の時代を特徴づけた規模への信仰を捨てた。大企業の分割が急速に進行している。特にアメリカでは、政府の機能が中央から地方へと委譲されている。そして地方では、自治体の機能が民営化され、あるいは民間に委託されている。

今後、機能に適した規模が課題となる。その仕事が最もできるのはミツバチか、ハチドリか、ネズミか、シカか、ゾウか。いずれの大きさも必要である。それぞれの仕事にふさわしい大きさがあり、生態系がある。組織にとって最適な規模とは、機能や仕事に必要な情報を最も有効に扱える規模であ性が保たれる。従来の組織では命令と統制によって一体性が保たれていたが、情報化組織では情報によって一体性が保たれる。

技術が世界観を変えた

技術とは、自然のものではなく人のものである。道具についてのものではなく、人がいかに働くかについてのものである。人がいかに生き、いかに考えるかにかかわるものである。

チャールズ・ダーウィンの頃、同じく進化論を唱えたアルフレッド・ラッセル・ウォーレスは、「あらゆる動物のなかで人間だけが意識して進化する。すなわち道具をつくる」といった。まさに技術は人間の延長であるがゆえに、その基本的な変化はわれわれに世界観の変化をもたらし、同時に価値観の変化をもたらす。

コンピュータは、一七世紀末のドゥニ・パパンの時代に始まった機械的世界観という分析的プロセスの究極の表現だった。コンピュータは、パパンの同時代人で友人だった数学者ゴットフリート・ライプニッツの発見、あらゆる数字はデジタルすなわち1と0で表現できるという発見に端を発していた。その後、バートランド・ラッセルとアルフレッド・ホワイトヘッドの『数学理論』（一九一〇～一三年）が、ライプニッツの発見を論理に発展させた。その結果、データとして示すことさえできれば、あらゆるコンセプトが1と0によって表現できることになった。

コンピュータはパパンの師ルネ・デカルトの分析的モデルの勝利だったが、そのコンピュータがわれわれを分析的モデルから卒業させた。情報それ自体は分析的である。しかし、情報はあらゆる生物的システムの動因となる。近代生物学によれば、生命は遺伝子コード、すなわちプログラム化された情報として記録される。あの不可思議な存在たる生命も、超自然的説明に頼らないとするならば、情報によって組織された何ものかとしか説明できない。

生物的システムは分析的ではない。機械的システムでは全体は部分の総計に等しく、したがって分析によって理解することが可能である。これに対し、生物的システムに部分は存在せず、全体が全体である。それは部分の総計ではない。情報は分析的であっても意味は分析的ではない。知覚的である。

分析から知覚へ

パパンの時代の数学と哲学の世界観では、知覚的な認識とは直感であり、疑わしいもの、神秘的なもの、捉えがたいもの、不思議なものにすぎなかった。科学は知覚的なものの存在を否定しなかった（なかには否定する科学者もかなりいた）。だが、有効性は否定した。直感は教えることも訓練することもできないと分析家たちは断じた。

こうして機械的世界観は、知覚的な認識は分析的でなく、したがって教養の世界に追放すべきものと位置づけた。つまり、それなしでもすむものとされた。事実、学校では芸術を楽しむためのものとしてのみ教えた。学校では厳格な体系としての芸術は教えない。そのようなものとして教えるのは、芸術家の卵に対してだけである。

しかし今日の生物的世界観では、知覚的な認識こそ中心に位置づけるべきものである。しかも、それは訓練し発達させることが可能である。それどころか訓練し発達させることが必要である。

われわれが「ＣＡＴ」という言葉によって理解するのはＣＡＴであって、「Ｃ」「Ａ」「Ｔ」の一つひとつの文字ではない。最近の用語を使えば「Ｃ」「Ａ」「Ｔ」はビットにすぎない。コンピュータは、ビットを超えなければ意味をともなうことを何も処理できない。それがいわゆるエキスパートシステムである。エキスパートシステムとは、全体の理解すなわち経験による知覚的な認識をプログラム化し、コンピュータの論理すなわち分析的なプロセスによって推論しようとするものである。

しかしわれわれは、コンピュータの登場以前に、すでに分析的なコンセプトから知覚的な認識への歩みを進めていた。

一世紀前の一八九〇年代には形態心理学が、われわれが理解するのは「C」「A」「T」ではなく「CAT」であることを明らかにした。われわれが知覚をもって「CAT」を認識することを明らかにした。それ以降、児童心理学、行動心理学、臨床心理学など心理学のほとんどあらゆる分野が、分析から知覚へと移行した。フロイトの流れを汲む心理分析さえ心理認識へと発展し、人の心理過程としての衝動ではなく、人そのものを理解しようとした。最近では企業や政府の計画立案においても、知覚的な認識からスタートするシナリオを使うようになっている。

生態系なるものは、すべて分析的な論理ではなく知覚的な認識の対象である。生態系は全体として観察しなければ理解は不可能である。部分は全体との関係において存在しうるにすぎない。

今から五〇年前、ヴァーモント州のベニントン大学の教養課程において、絵画、彫刻、陶芸、音楽などの芸術が、みずから創造すべきものとしてはじめて教えられた。それはまさに大学教育の伝統に反する恥知らずな異端のイノベーションだった。ところが今日、アメリカではあらゆる大学がそれらを教えている。

また四〇年前には、ほとんどの人が抽象画を認めなかった。今日では現代絵画を展示する美術館や画廊は混み合い、それらの価格は記録を更新する一方である。現代絵画の特質は、絵を描く者が見るものを表現するところにある。それは説明ではなく意味である。

デカルトを超えて

三〇〇年前、デカルトは「我思う。ゆえに我あり」といった。今やわれわれは、これと同時に「我見る。ゆえに我あり」といわなければならない。デカルト以来、重点は分析的論理におかれてきた。これからは、分析的論理と知覚的認識の双方が不可欠となる。

今日われわれの直面する現実は、すべて形態である。したがって、それらの問題を扱うには分析的論理とともに知覚的認識が不可欠である。今日の多元社会の不均衡状態、グローバル経済、地球環境問題、緊急に提示することが求められている教育ある人間のモデルなど、すべてが形態的である。

デカルトとその同時代人であるガリレオ・ガリレイが機械的世界観の科学の基礎を築いてから、イマニュエル・カントが形而上学にまとめるのに一〇〇年を要した。カントの『純粋理性批判』(一七八一年)は一世紀以上にわたって西欧の哲学を支配した。ニーチェをはじめとする反カントの人たちにとってさえ、意味ある問題を提起した。今世紀はじめのルートヴィッヒ・ヴィトゲンシュタインにとってさえ、知識なるものを定義した。

しかし今日の哲学者は、もはやカントの問題意識を重視はしない。彼らは形態を扱う。すなわち、記号、象徴、様式、通念、言語を扱う。知覚的な認識を扱う。こうして今日、機械的世界観から生物的世界観への移行が新たな総合哲学の登場を求めている。カントならば、これを「純粋知覚批判」と名づけるにちがいない。

14章　知識の意味を問う

知識が社会の中心に座り、社会の基盤になったことが、知識の性格、意味、構造を変えた。今日のさまざまな断絶のなかでも、この断絶こそ最も急激であって、最も重要である。

知識の世界は流動してやまない。今日の学部、学科、科目はまもなく意味を失う。もともと、それらのうち長い歴史をもつものはほとんどない。一〇〇年前には、生化学も遺伝子学もなく、生物学さえなかった。動物学と植物学があるだけだった。今日、有機化学と無機化学の区別がなくなりつつあることに驚いてはならない。有機化学の知識をシリコンなど無機物質に適用する研究が進んでいる。逆に無機化学の知識を有機物質に適用する研究が進んでいる。そもそも化学を有機と無機に分けることが、知識とその応用の両面において急速に障害となりつつある。

脱デカルト

生理学と心理学、経済学と行政学、社会学と行動科学、論理学と数学、統計学と言語学の境界が意味を失いつつある。これからは学部、学科、科目のいずれもが陳腐化し、理解と学習の障害になると考えるべきである。部分と要素を重視するデカルト的世界観から、全体と形態を重視する形態的世界観への急激な移行が、あらゆる種類の境界に疑問を投げかけている。

あらゆる組織が昨日をそぎ落とさなければならない。大学も例外ではない。少なくとも大学は新しい専門分野を導入し、これまでの専門分野を統合しなおさなければならない。アメリカ、イギリス、日本の大学は、まだ柔軟なほうである。ヨーロッパ大陸の大学は講座や教授職に縛られたままである。教育省の規制がひどい。あらゆる実験的な試みを禁じている。特にフランスとイタリアでは、全大学同時でなければいかなる科目の新設も認めない。官僚的な秩序は守られるが、そもそもそのような秩序が大学にとって不要である。

新しい分野を導入し、古い分野を廃棄することは、大学にとって経験のないことではない。これからは頻繁に行なわなければならなくなるだけである。ところが、これまで当然だったこととは異質の新しいことが起こりつつある。教えることと学ぶことの中心から専門分野そのものがはずされつつある。だがこれも、知識の応用が中心となってくれば起こるべくして起こることである。

一九世紀までは知識と行動はお互いに無関係だった。知識は精神のためのものであり、行動は経験にもとづく技能を基盤としていた。一九世紀の後半になるまでは、技術さえ科学とは切り離され、徒弟的に習得されていた。たしかに一七九五年には、最初の工科大学としてエコール・ポリテクニークがパリにつくられた。一八〇〇年以降は、ヨーロッパ大陸の他の国でも同様の大学がつくられ、やがてアメリカにもつくられた。

しかし一九世紀末まで、技術先進国として他国を圧倒していたのは、徒弟制にこだわりつづけたイギリスだった。事実、一九世紀末に化学産業や電機産業が現われるまで、技術の進歩は熟練技能者や発明家の手によってなされた。ドイツにおいてさえ、はじめて技術系の大卒者が産業界に入ってきたのは一九一〇年のことだった。

知識の探究とその成果は応用から切り離されていた。研究対象ごとに、いわば知識の論理に従って組織されていた。大学の学部、学科、科目、学位、さらには高等教育の全体系が専門別に組織されていた。マネジメントにいうところの市場志向ではなく、製品志向だった。

手段となった知識

ところが今日では、知識とその探究は、専門分野別ではなく応用分野別に組織されるようになった。学際研究が急速に進展している。研究組織もアフリカ問題、ソ連問題、都市問題など応用分野別になっている。それらの組織には経済学、精神病理学、農学、美術史など多様な専門分野から人が集められる。今日では学際研究が大学に活力を与え、その方向性を決めている。

これは、知識がみずからを最終目的とするものから、何らかの成果をもたらすための手段に移行したことの結果である。こうしてこれまで知識とされていたものが単なる情報になりつつある。今や、かつて技術とされていたものが知識である。現代社会の動因としての知識は、応用され、仕事に使われてはじめて意味をもつ。仕事は専門分野によって定義することはできない。目的は、常に学際的たらざるをえない。

知識が現代社会の中心的な資源となったために、大学に第三の機能が加わった。教育と研究に加え、社会への貢献すなわち知識を行動に移し、社会に成果をもたらす機能が加わった。今日、大学は研究に力を入れるべきであるとの議論がある。しかも研究は教育や学生のニーズとは両立しないとする。これは誤解である。問題は、社会への貢献が必須になったことから生じている。

優秀な教師ほど学際研究に引っぱりだされる。政府、学校、企業、病院、軍からコンサルティングを頼まれる。大学の他の学部や学科からも声がかかる。もちろん彼らはみずからの専門分野によって貢献する。だがその最大の関心事とすべきものは、依頼主にとっての成果である。コンサルティングを引き受けるということは、専門分野の論理ではなくチームの一員として成果に関心をもつということである。

二〇年前は、コンサルティングの仕事を依頼されるのは、工学部、経営学部、法学部、化学部など限られた学科の教員だった。ところが今日では、ほとんどあらゆる学部、学科の学者が引っぱりだこになっている。しかも大学が知識の応用に力を入れ、社会に成果をもたらすことが期待されるにつれ、これまでのような専門分野の論理ではなく、応用分野を中心に学部の再編成を行なうことが必要になっていく。

技術格差

知識の意味と役割の変化は、社会の基盤としての知識について、いくつかの基本的な問題を提起する。最初にその種の問題が問われたのが一九五七年、ソ連のスプートニクが飛んだときだった。突如アメリカ人にとって、知的、経済的、軍事的活動の基盤としての知識の構築を維持することが、国の存亡にかかわる問題になった。

スプートニクが現われなくとも、アメリカの教育は変化したかもしれない。たしかに大学生の急増は教育の水準を引き上げ、教え方を変えたにちがいない。しかし、スプートニクは事態を一目瞭然にした。何よりも知識が、もはや私的なものではなく公的なものであることを知らせた。

今日では、イギリスなどのヨーロッパ諸国が、頭脳流出と技術格差により、当時のアメリカと同じことを学びつつある。頭脳流出は深刻な病の兆候である。高度の知識をもつごく少数の人たちが国を出ていくようになっただけでも憂慮すべき事態である。彼らは金のために出ていくのではない。知的環境の劣悪さ、知識への無関心、社会への影響力のなさに不満だから出ていく。

イギリスの頭脳流出が科学者、技術者、医師のごくわずかであって、新規参入者の五、六パーセントにすぎないとしても問題の深刻さとは関係がない。出ていく者は、他の国で求められている人たち、実力と実績のある人たちである。昨日学校を出た者によってその仕事が埋められても、問題の深刻さは変わらない。

技術格差についての説明は大部分が間違っている。アメリカが優位に立ったのは政府予算のためであるとの説明にいたっては、完全な誤りである。防衛技術や宇宙開発では予算ほどの成果があがっていない。民間経済への波及効果にもほとんど見るべきものはない。政府予算が大きな役割を果たした産業としては、軍の予算が補助金の役割を果たしたコンピュータと航空機しかない。

ヨーロッパも研究の成果をあげている。しかし技術格差が生じたのは、それらの研究成果を製品化し、マーケティングすることに失敗したためである。技術格差とはマネジメント上の失敗である。これこそヨーロッパにとって政府予算よりも大きな弱みである。金はつけることができる。しかし、科学上の成果を経済的な事業に転換する能力、すなわちマネジメントとマーケティングの能力を金で買うことはできない。

現代社会は、みずからの知識の基盤として理系、文系両方の人を必要とする。特に理系のことがわかる文系の人を必要とする。専門分野や方法論しかわからない人ではなく、知識を仕事に適用できる人を必要とする。新しい知識を生み出す人だけでなく、新しい知識を日常の活動に適用できる人を必要とする。

エリート教育は許されない

もともとわれわれは、教育についてエリート教育と大衆教育という二つのコンセプトをもっていた。リーダーの育成とフォロワーの教育に分けて考えていた。しかし、もはや分けて考えることはできない。今日許されざるものの一つが、地位、権益、支配を特権的に与えるエリート養成機関である。

イギリスにおける頭脳流出の原因の一つは、オックスフォードとケンブリッジの存在にある。フランスにアメリカとの技術格差をもたらした原因の一つは、エコール・ポリテクニークやエコール・ノルマールのようなグランゼコールにある。これらのエリート養成機関は優れた教育をしている。しかし両国では、リーダーの地位につけるのは、これら教育機関の卒業生だけである。国にとって重要なのは、彼らの能力だけである。こうして両国の社会は拘束され、停滞した。

もちろん一人ひとりの人間には能力や関心の違いがある。大学にも他のあらゆる組織と同じように質の違いがある。しかし特定の大学を出ていない者に一流への道を閉ざすことは、知識の本質と相容れず、現代社会のニーズとも相容れない。いかなる大学で習得した知識であっても、卒業の五年後には陳腐化している。

特定の大学に特権的な地位を与えることは、知識の本質はもとより現代社会のニーズとも相容れない。要するに、何人に対してであれ、成果をあげ、可能性を追求し、上り詰めていく道を制約することは許されない。そのような贅沢など許されないほど、知識ある人間は大量に必要とされている。

アメリカにも、その実力のほどは別として権威ある有名大学がある。だが幸いなことに、それらの大学以外のところで教育を受けた者に対する差別はない。ノースアイダホ農業工科大学出身の技術者が自分を劣っていると思ったり、本物の技術者ではないと思ったりすることはない。

マサチューセッツ工科大学（ＭＩＴ）が、優れた教授陣をそろえたむずかしい大学であることは彼も知っている。しかし彼自身もノースアイダホ農工大の教授陣も、さらにはＭＩＴの教授陣も、ノースアイダホ農工大が工業大学としてＭＩＴと同じカリキュラムをもち、同じ知識、理解、資格を与える大学であることを知っている。アメリカでは大学卒業の五年後、一〇年後に問題とされるのは、何ができるかであって、どこの学位をもっているかではない。ＭＩＴのほうも知識を生かせる有能な人材の育成を第一の責務としている。

だが、このことをヨーロッパ人にいっても、なかなか理解してもらえない。ノースアイダホ農工大出身の学士が、製図工ではなくテクノロジストであることもわかってもらえない。しかしこのことこそ、ヨーロッパが頭脳流出をなくし、技術格差を埋めるうえで理解しておかなければならないことである。そのような理解なくしては、ヨーロッパはいつになっても、優れた者の能力を成果に結びつけることも、みずからの偉業を利することもできない。

そして、オックスフォード、ケンブリッジ、グランゼコールを出ていないがゆえに、能力があっても認められない者たちは、卒業証書ではなく能力によって登用される国アメリカへと流出していく。今日必要とされているものは、あらゆる者が知識をもつという知的基盤である。変化してやまない多様で膨大な知識とその適用を可能とする知的基盤である。

二〇年後にリーダーとなる者を一度の試験で知ることはできない。そもそも二〇年後に必要となるものが何であるかを知らないし、知りえない。イギリスでは、オックスフォードやケンブリッジと新設の大学、フランスでは、グランゼコールと地方大学の卒業生に対する機会と評価の差別をなくすことが不可欠である。

知識探究の優先順位

しかも、われわれは知識の探究において優先順位を決めなければならない。知識の方向づけとそれがもたらす影響について意思決定を行なわなければならない。これは知識にかかわりをもつ者だけの問題ではない。これまでわれわれは、知識とその探究において、優先順位や限界についてはもちろん、方向づけについてさえ考える必要が生まれるとは夢にも思わなかった。

もはや知識も他のあらゆるものと同様、絶対的な善ではありえないことが明らかになった。知識そのものは中立であるとしても、知識によって行なうことは中立ではありえない。行動科学のかなりの部分がそうであるように、人の心を支配するための知識の探究は勧められるだろうか。これは悪魔しか出てこないパンドラの箱ではないのか。細菌兵器はどうか。どうせ他の者がやるからという弁解は通用するか。

そして、さらに辛いのが優先順位の問題である。すでに知識の探究は資金的な限界にある。使える資源に限りがある。しかし、本当に不足しているのは金ではない。そもそも研究を行なうのは金ではなく人である。ところが、新しい知識を生み出せる人たちの供給が尽きようとしている。自然科学、医学、社会科学、人文科学などあらゆる分野において、一流ならざる人材さえ動員しなければならなくなった結果、研究の成果があがらなくなっている。

この二〇年で、製薬業界の研究開発部隊は二〇倍の大きさになった。一九五〇年に五〇人の研究者をかかえていた企業が、今日では一〇〇〇人以上をかかえている。しかし研究成果は二〇倍にはなっていない。逆に下がっている。その原因の一つは、研究開発部隊が急速に大きくなり、そのための組織がともなわなかったためである。マネジメントすることが不可能なほどに大きくなったためである。

しかし主たる原因は、金で学位と図体は雇えても、人は雇えないからである。人は育て、訓練し、試練を経させなければならない。そのためには時間という金では買えないものが必要になる。

知識の探究にあたって、優先順位はどうあるべきか。訓練と経験と実績のある貴重な人材をどの仕事に振り向けるべきか。そして、それを誰が決めるか。こうした意思決定のもたらす影響は重大である。経済資源の配分をはるかに越えるリスクをともなう。ところがそのための知識がない。異なる分野を比較し決定するための方法もない。活動と成果の関係を特定できたとしても、異なる種類の成果について合理的な選択を行なうことができない。

幼児の奇病の治療法の研究と高齢者の健康の研究のいずれを優先するか。外国語の速習法と、経済と社会を発展させるための方法のいずれがより必要か。防衛力の増強と都市交通問題の解決のいずれに資源を投入するか。

これらの決定は、科学や事実によって行なうことはできない。価値観にもとづき、未来にかかわる著しく主観的な評価として意思決定せざるをえない。言い換えるならば、科学的、中立的判断たりえず、価値観にもとづく判断たらざるをえない。

われわれは新しい知識のもたらす意味について徹底的に検討しなければならない。やがては天候を支配し、砂漠を農地に変えられるかもしれない。そのもたらすものは大きい。しかし、それは何千マイルも離れたところから雨を奪い、その地を砂漠に変えるかもしれない。そのようなことがありうるとしたら、天候の研究は進めるべきか止めるべきか。それはいつ、いかにして決めるか。そもそも、そのような研究を一国だけで行なってよいのか。最初から国際研究として行なうべきか。いかなる機関が行なうか。どこが資金を負担するか。

これらの問題は、研究成果が予測できることを前提としている。しかるに、そのような前提がまだ無理である。

何年か前に、私は科学技術が国家政策に与える変化を検討するための一年がかりの研究に参加した。しかし検討のかなりの部分は、予算の不足への不満に費やされていた。特に政治家の無関心が問題にされた。

しかし、政治家に役割を果たさせるうえでの学者の責任、すなわち科学技術の進歩がもたらす政策上の問題について政治家に説明し、その問題への対策を講じさせるための学者の責任を取り上げた者は少なかった。それも、すでに政策立案者や行政官になっている人たちだった。学者からは魂を失ってしまったと見られがちな人たちだった。

優先順位の決定にあたっては、個々の研究者の特性と能力を重視しなければならない。研究者は命じられたことよりも、やりたいことをやらせたほうがよい仕事をする。あるいは実績のある者の直観が大きな役割を果たす。

とはいえ、研究者は目標を与えられ体系的に仕事をしたとき、最もよく働くということも事実である。方向づけなしによい仕事ができる者はむしろ稀である。この研究開発の方向づけの重要性は、全体の計画は教えられていなかったものの、具体的な目標が与えられていたために各研究者が成果をあげた原爆の開発でも実証された。ソ連でも何度も実証された。

つまり、場合によっては間違った意思決定を行なう危険性はあるものの、必ずしも研究者の参画がなくとも意思決定は行なえるということである。しかも、この種の意思決定は研究者だけでは行なえない。優先順位の決定は政策的な判断であって、科学ではなく価値観による選択でなければならないからである。

政策的な決定は政策的判断によって行なう必要がある。したがって、知識をもつ者と政策決定者との関係が重要な意味をもつ。だがこれまでのところ、いずれも両者の関係については考えていない。

優先順位を決定し、方向づけを行ない、リスクをおかすことが必要となったために、知識そのものとその方向性、目標、成果にかかわる問題が、政治的なリーダーシップを必要とする問題となった。もはや汚れた政治と純粋な知識という月並みな一線を引くことはできない。

知識そのものへの疑問

こうして知識の探究にかかわる優先順位の必要が、個々の知識の目的、方向づけ、さらにはその意味について問題を提起する。その知識は必要か望ましいか、それとも他の知識のほうが必要か望ましいかという問いかけは、そもそも知識自体が必要か望ましいかという問題につながる。

ロマン的な新左翼がいかに反対しようとも、技術は今後とも必要かつ望ましいものとされつづけるだろう。われわれは好むと好まざるとにかかわらず、技術に取り組んでいくことになる。国際競争にさらされ、貧しい国の経済発展の必要にも迫られつつ、われわれは技術開発を急がなければならない。恐ろしいことに、防衛の世界でも同じことが起こる。

だが、知識そのものについてはどうか。知識そのものについても、言葉だけでなく現実の行動において疑いが生じるかもしれない。個々の知識をよい知識、中立の知識、危険な知識に分けるようになれば、知識の増大それ自体が必要か望ましいかが疑われるようになる。

ある専門家たちが絶対に必要とする知識が、他の専門家たちによって不要とされるのを目にすると、知識の価値を疑わされるのも無理はない。そのようなことは、知識に優先順位を与え、いずれの方向へ進むべきかが論じられるとき、必ず起こることである。

もしここで知識の価値に疑問が生ずるならば、それこそ二四〇〇年前にソクラテスが知識を思想の基盤とし、世界観そのものとして以来はじめてのことになる。ソクラテス以降、西洋では知識の価値は当然のこととされてきた。ビザンチンからマルクス主義にいたる諸々の神学者たちは、何が真の知識かをめぐって争った。しかし西洋においては、ギリシャ以来、知識そのものを否定したり、その価値と意義に疑いをはさんだ者はいなかった。

知識に対する攻撃は、一三世紀にフランチェスコ会の神秘論者によるものが一度あっただけだった。しかし、それは大思索家トマス・アクイナスによって退けられた。そしてその頃、彼らと同じフランチェスコ会の聖ボナヴェントゥーラが、すべての知識は真理につながり、あらゆる知識が神聖化されれ神聖化するという、今日のわれわれの考えを確立した。それでは今、はたしてわれわれは西洋の基盤ともいうべきこの原理を捨てようとしているのだろうか。

われわれが知識の価値に疑問をもちうるのは、まさに知識の成功のおかげである。知識の価値が疑われるようになったのは、それが行動の基盤となり、主たる経済資源となったからである。

ソクラテスはソフィストたちに対抗し、知識は応用ではなく、知識を行動に適用することは知識の誤用であると主張することによって知識を善として確立した。知識の目的は知識そのものであり、知識の価値はそれが英知となりうることによって知られた。しかるに今日では、口で何といおうとも、応用こそが知識の目的であり、少なくとも知識の価値であることをわれわれ自身の行動が示している。ソクラテスの主張はもはや通用しない。

こうして明日のイズムは、知識をめぐるイデオロギーとなりうることになった。資本主義とマルクス主義において金、すなわち物が中心的位置を占めていたように、明日の思想と政治哲学においては知識が中心的位置を占めておかしくはない。

もちろん、これらのことは推測にすぎない。今日いえることは、知識の応用が、知識の中心、知識にかかわる全活動の中心、知識の体系的な探究全体の中心になったということだけである。その結果、知識が経済と社会の基盤となり、あらゆる社会行動の原理そのものになったということだけである。しかし、この変化はあまりに大きな断絶である。知識自身のあり方に影響を与えるとともに、知識を知識社会における哲学と政治の中心に位置づけざるをえなくするものである。

問われる責任

知識社会において、最大の問題は知識ある者の責任である。歴史上、少なくとも西洋では知識ある者が権力をもったことはなかった。彼らは飾りにすぎなかった。権力の近くで演じることのできた役割も道化のそれとあまり変わらなかった。ペンは剣よりも強しどころか、せいぜい知識は阿片にすぎなかった。たしかに知識に魅力はあった。苦しむ者にとっての慰み、金持ちにとっての楽しみだった。だが権力ではなかった。

ごく最近にいたるまで、知識によって得られる地位は従者のそれにすぎなかった。一九世紀半ばまで、オックスフォードとケンブリッジが育てたものは聖職者であり役人だった。一世紀前につくられたアメリカのビジネススクールが育成しようとしたものも、起業家ではなく管理者だった。

その知識が今日、権力を握った。機会と栄進への道となった。科学者やテクノロジストは脇役ではなく主役となった。必ず耳を傾けられる存在となった。安全保障、経済に関し政策を左右する者となった。若者たちの人格の形成まで委ねられた。知識のある者は貧しくさえなくなった。それどころか、生産資源の所有者となった。給与も上がった。教師の給料が安い社会は後進的な社会とされるようになった。彼らは研究助成やコンサルティングによっても収入を得るようになった。

しかし、権力と富には責任がともなう。

教育はより多くの知識を与えるが、英知を与えることはほとんどない。したがって今日、知識のある者が自分の責任を自覚していなくとも驚くにはあたらない。彼らもかつて権力を握った他の者たちと少しも変わるところはない。

彼らは、みずからの地位はみずからの価値に由来しており、純粋でありさえすればよいとする。その意図を疑う者は知的ならざる者か悪意ある者、反知性の確信犯かマッカーシーの類であるとする。だが、彼ら知識にかかわる者も、いずれ力を正統化するものは責任であることを知るにいたる。

知識にかかわる者は、高度の倫理基準を求められる。これもまた知識ある者たちにとっては意外なことである。彼らはみずからの客観性と科学性に誇りをもってきた。善であるべきものの鑑と自負してきた。しかし、知識に力がともなっていなかった時代においては完全なものだった私人としての善意も、力をもつ集団の一員としての倫理性とはかかわりがない。むしろ当を得たものではない。

今日、知識ある者がおかれている位置は、経営にかかわる倫理を経営者個人の問題として捉えていた一九世紀の経営者のそれと同じである。力をもつ集団の場合は、いかに純粋な信条、いかに正しい動機といえども、はなはだしい不道徳となりうる。

知識ある者は教育の内容、水準、成果、影響について責任を負わなければならない。学位は満足気に眺めるべきものではない。社会的に意味あるものにできないならば、少なくともその呪縛を解くことが知識にかかわる者の責務である。

今日の教育における生産性の低さも責任を問われる問題である。金を求め、すぐもらえないからといって不満をいうだけでは責任は果たせない。何よりも知識にかかわる者は教育の成果に責任をもたなければならない。成績の悪い生徒や学生を責めることは許されない。できない生徒や学生は学校や大学の責任である。意欲のない生徒や学生は学校や大学の恥であり、教師、教授の罪である。

知識ある者が、これらの責任を自発的に引き受けることは期待できない。引き受けるならば、歴史上はじめての快挙ということになろう。しかし彼らもまた、彼ら以前の他の集団と同じように、やがては責任を強制されるようになる。アメリカでは今後、社会の批判と憤激と敵意を招くであろうものが教育者の傲慢である。若者たちはすでに反抗を始めている。

文明をつくった技能

われわれの直面する断絶のなかで最大のものが知識の地位と力の変化である。七〇〇〇年前、人は技能を発見した。技能が道具を生み、才能のない普通の者に優れた仕事をさせ、世代を越えていく進歩を可能にした。技能が労働の分業をもたらし、経済的な成果を可能にした。そして社会、政治、経済のための機関と職業、さらに、つい二〇〇年前まで使いつづけることになった道具のほとんどを生み出した。まさに技能が文明をつくりだした。

今日、ふたたび人類は大きな発展をとげようとしている。われわれは仕事に知識を使いはじめた。そこに秘められた可能性は、かつての技能のそれと同じくらい大きい。年月は要するかもしれない。

だが、その与える影響はすでに十分に大きく、そのもたらす変化はすでに十分に膨大である。

知識が与える影響のなかでも、最も大きく、最も基本的なものが知識そのものに対する影響である。特に仕事の基盤が知識へと移行したことが、知識にかかわる者に新たな責任をもたせる。彼らがそれらの責任をいかに引き受けるか、それをいかに果たすかが知識の未来を左右する。知識に未来があるか否かを決める。

15章　ポスト資本主義社会の到来

西洋では数百年に一度、際立った転換が起こる。世界は歴史の境界を越える。社会は数十年をかけて次の新しい時代に備える。世界観を変え、価値観を変える。社会構造を変え、政治構造を変える。方法論を変え、主要機関を変える。やがて五〇年後には新しい世界になる。この境界を越えた後の世代にとって、祖父母の生きた世界や父母の生まれた世界は想像することのできないものになる。

われわれは今、まさにそのような転換を経験しつつある。この転換がポスト資本主義社会を創造しつつある。

転換の歴史

そのような転換は一三世紀にも見られた。当時ヨーロッパ社会は、ほとんど一夜にして都市中心の社会となった。ギルドが社会勢力として登場し、遠距離貿易が復活した。都市的な新しい建築としてゴシック様式が興った。知恵の源泉はアリストテレスに移り、文化の中心は田舎の孤立した修道院から都市の大学へと移った。宗教、学問、精神の担い手として、都市型の修道会ドミニコ会とフランチェスコ会が登場した。数十年後にはダンテが文学を生み、言語はラテン語から各地言語へと重心を移した。

その二〇〇〇年後、一四五五年のグーテンベルクによる印刷革命と一五一七年のルターによる宗教改革の間の六〇年間に、次の転換が起こった。一四七〇年から一五〇〇年にかけてフィレンツェとヴェネツィアにおいて絶頂期を迎えたルネッサンスがあり、古代の再発見があった。アメリカ大陸の発見があり、ローマ軍団以降初の常備軍となるスペイン歩兵軍団の創設があった。解剖学をはじめとする科学的探究の再発見があった。アラビア数字の普及があった。このときも一五二〇年以降の世代にとって、祖父母の生きた世界や父母の生まれた世界は想像もできないものになった。

その次の転換では産業革命が起こり、資本主義と共産主義が現われた。一八一〇年には最初の近代大学であるベルリン大学が設立され、普通教育が始まった。一八一五年にはロスチャイルド家が巨大な権力をもち、王侯の影を薄くする存在となった。この転換は新しい文明を生み出した。ふたたび、一八二〇年以降の世代にとって、祖父母の生きた世界や父母の生まれた世界は想像することもできないものになった。

今日、ふたたび転換のときが訪れた。しかし、この度の転換は西洋のものではない。それどころか、もはや西洋の歴史も西洋の文明も存在しえないことが根本的な変化である。存在するのは、西洋化されてはいるかもしれないが、あくまでも世界の歴史と世界の文明である。

われわれがこの転換期のさ中にいることは明らかである。もしこれまでの歴史どおりに動くならば、この転換は二〇二〇年までは続く。しかし、この転換はすでに、世界の社会、政治、経済、倫理の様相を大きく変えた。

中世からルネッサンスを経て近代をもたらした転換、すなわち一四五五年に始まった転換の内容が理解されるためには、転換の開始から五〇年以上待たなければならなかった。たとえばコペルニクスが『コメンタリー』を書いたのは一五一〇年から一四年にかけてのことだった。今からおよそ二〇〇年前、アメリカの独立とともに始まった次の転換を最初に理解し分析したのは、その六〇年後のアレクシス・ド・トクヴィルの『アメリカにおけるデモクラシー』上下二巻だった。

われわれはポスト資本主義社会へと移行し、ようやくこれまでの資本主義と国民国家の時代における社会、経済、政治の歴史を検証し、修正できるところまできた。転換後の社会がいかなるものになるかを予見することは、いまだに危険である。しかし、いかなる新しい問題が出てくるか、どこに新しい大きな問題が存在するかについては、すでにある程度の確率で知ることができる。多くの分野で何がうまく機能しないかを明らかにすることもできる。

問題に対する答えの多くは、いまだ時の彼方に隠れている。価値、信条、社会構造、経済構造、政治構造、さらにいえば世界観を含む現在の再編から生まれてくる世界は、今日想像されるものとは異なるものとなる。

いくつかの分野、特に社会とその構造については、すでに基本的な変化が起こっている。これからの新しい社会が、資本主義社会でもなく社会主義社会でもないことはたしかである。その主たる資源が知識であることもたしかである。つまり、それは組織が大きな役割を果たす社会にならざるをえないということである。

知識の意味の変化

一七五〇年から一九〇〇年までの一五〇年間に、資本主義と技術革新は世界を征服し、新しい世界文明をもたらした。資本主義も技術革新も新しくはなかった。いずれもあらゆる時代を通じ、洋の東西を問わず、あらゆる地域で見られた。しかし、この一五〇年間の資本主義と技術革新は、その伝播の速度と、文明、階層、地理を超えたその到達度において前例がなかった。この伝播の速度と到達度こそがたんなる資本主義を体制としての資本主義に変え、技術革新を産業革命に変えるものだった。

この転換は知識の適用がもたらした。東西両洋において知識とは常に存在にかかわるものだった。ところが一夜にして、それが行為にかかわるものになった。知識は資源となり、実用となった。昔から私的な財であった知識が、ほとんど一夜にして公的な財となった。

第一の段階として、知識は一〇〇年にわたって道具、工程、製品に適用された。その結果、産業革命が生まれた。同時にカール・マルクスのいういわゆる疎外、階級闘争、共産主義がもたらされた。

一八八〇年ごろに始まり、第二次大戦の末期に頂点に達した第二の段階では、知識は装いを新たにして仕事に適用された。その結果、生産性革命がもたらされた。この七五年間にプロレタリア階級は上流階級に匹敵する所得を手にし、ブルジョワ階級となった。こうして生産性革命が階級闘争と共産主義を打ち破った。

第二次大戦後に始まった第三の段階では、知識は知識そのものに適用されるようになった。それがマネジメント革命だった。知識は今や資本と労働をさしおき、最大の生産要素となりつつある。しかし、われわれの時代を知識社会と呼ぶのはまだ尚早である。傲慢でさえある。今のところ、われわれは知識経済をもつにすぎない。とはいえ、われわれの社会がすでに資本主義社会でないことは間違いない。

人類の歴史を通じ、資本主義は東西両洋において形を変えて何度も現われた。技術上の発明とイノベーションが多く見られた時代も幾度となくあった。しかし、最近二五〇年間の発展を前例のない特異なものとしたのは、ひとえにその速度と到達度だった。

かつて形を変えて何度も現われた数々の資本主義は、いずれもそれぞれの社会の一要素にすぎなかった。これに対し、一七五〇年以降の資本主義は社会そのものとなった。かつての資本主義が、いずれもごく限定された地域でしか見られなかったのに対し、この資本主義は一七五〇年から一八五〇年までのわずか一〇〇年で、西ヨーロッパと北ヨーロッパの全域に広がった。さらにその五〇年後には、全世界に広がった。

しかも、かつての資本主義は社会のごく一部の階層に限定されていた。貴族、地主、軍人、農民、専門職、職人、そして肉体労働者さえ、資本主義とは無関係だった。ところが一七五〇年以降の資本主義は、その伝播したあらゆる社会において、あらゆる階層に浸透し変革をもたらした。

歴史上の事件で、その原因が一つであったり、その説明が一つですむものは珍しい。われわれはヘーゲルやマルクスなどの一九世紀の理論が、厚顔きわまりない単純論だったことを知っている。歴史の発展は互いに関係のない数多くの発展の合成である。単なる資本主義を体制としての資本主義に変え、技術革新を産業革命に変えたものも、互いに関係のない独立した事象の合成だった。

今世紀初頭、マックス・ウェーバーは、資本主義を「プロテスタントの倫理」の落とし子とした。しかしこの有名な説は、今日ではまったく信憑性を失っている。根拠がない。むしろ、巨額の資本を必要とする蒸気機関が動因となったために、職人が主たる生産手段をみずから所有できなくなり、生産手段の支配権が資本家の手に渡り資本主義が生まれたとするカール・マルクスの説のほうに若干なりとも根拠がある。

しかし資本主義と技術革新が、世界的な現象となるうえで欠かせない決定的に重要な要件が一つあった。一七〇〇年頃か、その少し後にヨーロッパで起こった知識の意味の急激な変化だった。

テクノロジーの発明

われわれが知ることのできるものと、それを知るための方法についての理論は、紀元前のプラトンから現代のルートヴィッヒ・ヴィトゲンシュタインやカール・ポパーにいたる形而上学の理論家の数と同じくらい多い。しかしプラトンの時代以降、知識の意味とその機能については長い間、二つの理論しか存在しなかった。

プラトンの伝える賢人ソクラテスは、知識の役割は自己認識、すなわちみずからの知的、道徳的、精神的成長にあるとした。一方、ソクラテスのライバルであった哲人プロタゴラスは、知識の役割は何をいかにいうかを知ることにあるとした。プロタゴラスにとって、知識とは論理、文法、修辞を意味した。それらが、やがて中世において学習の中核に位置づけられることになった三大教養科目、今日のいわゆる一般教養だった。

東洋においても、知識の機能については同じように二つの考えしか存在しなかった。儒教では知識とは何をいかにいうかを知ることであり、人の道だった。これに対し道教と禅宗では、知識とは自己認識であり、知恵にいたる道だった。

知識が意味するものについては二派の対立があったが、知識が意味しないものについては完全な一致があった。知識は行為にかかわるものではなかった。知識は効用でもなかった。効用を与えるものは知識ではなかった。それは技能だった。ギリシャ語にいうテクネだった。

中国の儒家が書物による学習以外のものをすべて徹底的に軽侮したのに対し、同時代人のソクラテスやプロタゴラスはテクネを尊重した。しかし彼らにとっても、テクネは尊重すべきものではあったが知識ではなかった。テクネは特定の範囲に適用され、一般法則をともなわなかった。ギリシャ・シチリア航路について船長が知っていることは他に応用できなかった。しかも、テクネを学ぶ唯一の方法は、徒弟となり経験を積むことだった。テクネは言葉や文字では説明できず、身をもって示すものだった。

西暦一七〇〇年かあるいはさらに遅くまで、英語にはクラフト（技能）なる言葉はなく、ミステリー（秘伝）なる言葉が使われていた。なぜなら、それは秘密を誓わされ、誰かの徒弟にならなければ手に入れられず、しかも手本によって示されるだけのものだったからである。

ところが、一七〇〇年以降わずか五〇年の間に、テクノロジーが発明された。テクノロジーという言葉そのものが象徴的だった。それは、秘伝の技能であるテクネに体系を表わす接尾語ロジーをつけた言葉だった。

技能から技術への劇的な変化を示す偉大な記録、人類史上最も重要な書物の一つが、一七五一年から七二年にかけてドゥニ・ディドゥロとジャン・ダランベールが編纂した『百科全書』だった。この書は技能に関するあらゆる知識を体系的にまとめ、徒弟にならなくともテクノロジストになれることを目指した。

紡ぎや織りなどの技能を説明するこの『百科全書』の各項目が、技能をもつ職人たち自身の手で書かれなかったのは偶然ではなかった。書いたのは分析、数学、論理学の能力をもつ情報の専門家、ヴォルテールやルソーだった。『百科全書』は、道具、工程、製品など物質世界における成果は、知識とその体系的応用によって生み出されるとした。一つの技能において成果を生む原理は、他の技能においても成果を生むと説いた。しかしながら、この説は当時の知識人や職人にとっては異端の思想だった。

技術がもたらした文明の転換

一八世紀の技術学校のなかには、新しい知識の創造、すなわち科学を目的としたものは一つもなかった。『百科全書』もそうだった。科学の道具、工程、製品への適用、すなわち技術への適用について論じる者はいなかった。そのような考えが実現するには、一八三一年、ユストゥス・フォン・リービッヒが科学的知識を利用して、人工肥料の製造や動物性蛋白質の保存法を発明するまで待たなければならなかった。

しかし、人類の歴史にとっては、おそらくリービッヒの偉業よりも初期の技術学校や『百科全書』が行なったことのほうが重要だった。数千年にわたり発展してきたテクネ、すなわち秘伝としての技能がはじめて収集され、体系化され、公開された。技術学校や『百科全書』は、経験を知識に、徒弟制を教科書に、秘伝を方法論に、作業を知識に置き換えた。これこそ、やがてわれわれが産業革命と呼ぶことになったもの、すなわち技術によって世界的規模で引き起こされた社会と文明の転換の本質だった。

この知識の意味の変化は、その後の資本主義を必然とし支配的な存在とした。とりわけ、技術的変化のスピードは、職人では賄えないほどの資金需要を生み出した。さらに、技術は生産の集中、すなわち工場を必要とした。技術は職人の作業場には適用できなかった。生産が一つの屋根の下に集中されてはじめて技術は適用できた。

新技術は大規模なエネルギー源、すなわち新たな動因を必要とした。とはいえ、それは重要ではあったが二義的な問題だった。肝心な点は、生産活動がほとんど一夜にして技能中心から技術中心になったことだった。その結果、資本家が一夜にして経済と社会の中心に入り込んできた。それまで資本家は脇役にすぎなかった。

一七五〇年にいたってなお、大規模な事業体は私有でなく国有だった。旧世界において最初に生まれ、かつ何世紀にもわたって最大規模を誇っていた工場は、ヴェネツィア共和国政府所有の兵器工場だった。マイセンやセーヴルの磁器工場も国有だった。ところが一八三〇年には、民間の大資本家が所有する事業が産業の中心となった。その五〇年後、カール・マルクスが亡くなった一八八三年には、民間の資本家が所有する事業が全世界を席巻していた。

資本主義の矛盾

産業革命と資本主義への抵抗は世界中で見られた。イギリス各地あるいはドイツのシレジア地方で暴動が起こった。しかし、それらの抵抗は特定の地域に限られ、数週間か長くとも数カ月しか続かなかった。体制としての資本主義の拡大とその速度を緩めることはできなかった。

この前例のない転換の速度が、新たな秩序の誕生をめぐる社会的緊張と対立をもたらした。しかし今日われわれは、一九世紀初頭の工場労働者が工業化前の労働者よりも生活水準が低く辛い生活を強いられたという一般化した通念が、事実に反することを知っている。たしかに彼らの生活は辛かった。だが彼らが工場に群がっていったのは、そのほうが田舎社会の底辺にとどまるよりも生活が楽になるからだった。事実、彼らは前よりも高い生活水準を手に入れた。

マルクスによれば、階級としてのプロレタリアは疎外され搾取されつづけるはずだった。彼らプロレタリアは、資本家が所有し支配する生産手段に依存せざるをえなかった。やがて、所有はさらに少数のより巨大な手に握られ、無力なプロレタリアはさらに窮乏化していく。しかしついには、それら少数の資本家もみずからの鎖以外に失うべきもののないプロレタリアによって打ち倒され、システム自体がみずからの重みで崩壊する。

今日では、このマルクスの予言が間違っていたことは明らかである。実際にはまったく正反対のことが起こった。ただし、それは今だからいえるにすぎない。彼の時代に生きた者のほとんどが、たとえその帰趨についてまでは考えを同じにしていなかったとしても、少なくとも資本主義そのものについては同じ見方をしていた。反マルクス主義者さえ、資本主義に内在する矛盾を指摘するマルクスの分析を受け入れていた。

ある者たちは、一九世紀の典型的な資本家J・P・モーガンが明らかにそうであったように、プロレタリアの騒擾は武力によって抑えなければならないと信じていた。これに対し、リベラルは何らかの改革が必要であるとしていた。しかしいずれにせよ、一九世紀末の思想家のほとんどすべてが、資本主義社会には階級闘争が不可避であるとするマルクスの見方に同意していた。事実一九一〇年当時、少なくともヨーロッパ、そして日本の思想家のほとんどが、社会主義的傾向をもっていた。

一九世紀最高の保守主義者ベンジャミン・ディズレーリでさえ、資本主義社会をマルクスと同じように見ていた。ヨーロッパ大陸の保守主義者オットー・フォン・ビスマルクも同じだった。そしてその見方が、やがて二〇世紀の福祉国家を生むにいたる一連の社会政策に彼を踏み切らせた。

小説家であるとともに保守派の社会批評家でもあったアメリカのヘンリー・ジェイムズは、階級闘争へのおそれを小説『カサマシマ公爵夫人』のテーマとした。彼はこれをマルクスの亡くなった一八八三年に書いていた。

マルクス主義を破った生産性革命

では、何がマルクスとマルクス主義を打ち破ったのか。今日のわれわれにとって、マルクス主義の経済的な破綻と人道的な失敗は明らかである。私自身、すでにこのことを『「経済人」の終わり』（一九三九年）で指摘していた。

それでもなお、マルクス主義は最も首尾一貫したイデオロギーだった。一見したところ無敵だった。反マルクス主義者はいたが、非マルクス主義者、すなわち今日世界中のほとんどの人たちが知っている意味において、マルクス主義に何らの意味も見出さないという人はいなかった。それに反対する人でさえ、社会主義が一つの大きな潮流であることを認めざるをえなかった。

では、何があの資本主義固有の矛盾、プロレタリアの疎外と窮乏化、そしてプロレタリアそのものをなくしたのか。その答えが生産性革命だった。

今から二五〇年前、知識はその意味を変え、道具、工程、製品に応用された。それが産業革命だった。それが今日、ほとんどの人たちにとって技術が意味するものであり、技術系の学校が教えているものである。しかるに、マルクスの死の二年前に、すでに生産性革命は始まっていた。一八八一年、一人のアメリカ人フレデリック・W・テイラーが、仕事の研究と分析に知識を応用した。

仕事そのものは人類の誕生以来、常にあった。実際、人類のみならずあらゆる動物は生きていくために仕事をしなければならない。ホメロスの叙事詩に遅れることわずか一〇〇年という、ギリシャ第二の古典であるヘシオドスの詩『仕事と日々』は農民の仕事をうたった。ローマ時代の佳作の一つであるヴェルギリウスの『農耕詩』もまた、農民の仕事を繰り返しうたった。東洋では仕事への関心はあまり多くは見られなかったが、それでも中国の皇帝は年に一度田植えを祝ってみずから鋤に手をかけた。

しかし西洋でも東洋でも、仕事は抽象的にうたわれたにすぎなかった。ヘシオドスもヴェルギリウスも農民の仕事を観察していなかった。実に有史以来、そのようなことをした者はいなかった。仕事は長い間、教育ある人たち、豊かな人たち、権威ある人たちの注目に値しなかった。仕事は奴隷のすることだった。そしてより多くを生産するための唯一の方法は、より長く働かせるか、より激しく働かせるかだった。マルクスもまた、他の一九世紀の経済学者や技術者と同じようにそう見ていた。

テイラーの動機

豊かな家庭に育ちながら、たまたまテイラーは工場で働きはじめた。視力の低下のためにハーバード大学への進学をあきらめた彼は、鋳物工場に仕事を得た。すぐに職長となり、金属加工に関する発明で若いうちに富を得た。

そのテイラーを仕事の分析にかからせたのは、一九世紀末を覆いつつあった資本家と労働者の対立だった。彼もまたマルクスが見たもの、ディズレーリやビスマルク、ヘンリー・ジェイムズが見たものを見た。だが彼は彼らが見なかったもの、すなわち対立が無用であることも見た。

彼は、労働者がより多くの収入を得られるように、生産性の向上に取り組んだ。テイラーの動機は効率の向上ではなかった。資本家のための利益ではなかった。彼は、生産性向上の果実を享受すべき者は、資本家ではなく労働者であるとの考えを貫いた。彼の動機は、資本家と労働者が生産性の向上に共通の利益を見出し、知識を仕事に適用することによって社会を調和あるものにすることだった。この考えに最も近いものは、第二次大戦後の日本の経営者と労働組合である。

知識にかかわる歴史において、テイラーほど大きな影響を与えた者はいない。だが彼ほど曲解され、誤って引用された者もいなかった。彼がそのような扱いを受けたのは、彼が正しく、他の知識人が誤っていることが事実によって証明されていったからだった。彼が無視されつづけたのは、特に知識人の間で仕事に対する軽侮が残っていたからだった。

たしかにテイラーが分析したシャベルで砂をすくうという仕事は、当時の教育ある者にとっては重要と見ることはもちろん、評価することさえできないものだった。しかし、主としてテイラーを貶めた原因は、まさに彼が仕事の研究に知識を適用したことにあった。それは特に、当時の労働組合にとって異端そのものだった。そのため労働組合はテイラーに対し、アメリカの労働運動史上最も悪質な人身攻撃を展開した。

彼の罪は、熟練なるものは存在しないと断言したことだった。彼にとって、肉体労働に関しては仕事があるだけだった。そして仕事のすべてが分析可能だった。彼は、分析によってかく行なうべしと示された方法に従って仕事をする者は、誰でも第一級の工員として第一級の賃金、すなわち長年の徒弟時代を経験した熟練労働者と同額かそれ以上の賃金を得られるようになるとした。

テイラーの時代のアメリカにおいて最も敬意を払われ、力を誇っていた労働組合は、兵器廠と造船所の労働組合だった。第一次大戦前には、軍需品はすべてそれらの工場で生産されていた。労働組合は技能の独占体であって、そこに入れるのは組合員の子弟とその縁者だった。最初の五年から七年は徒弟として扱われ、仕事の分析も体系的な訓練もなかった。書き写すことは許されず、青写真や設計図もなかった。秘密保持を義務づけられ、仕事について組合員以外の者と話すことを禁じられた。

仕事は分析することによって一連の反復動作に分解できるというテイラーの考えは、労働組合に対する正面攻撃を意味した。彼らはテイラーを非難中傷したばかりか、議会に働きかけ、兵器廠と造船所における作業分析の禁止を法制化させた。この禁止は第二次大戦後まで続いた。

経済発展の唯一の原動力

テイラーはそのような状況に甘んじざるをえなかった。彼は労働組合を怒らせただけでなく資本家とも敵対した。彼らを豚と呼ぶのがテイラーの口癖だった。科学的管理法の最大の受益者は資本家ではなく労働者でなければならないとした。資本家にとって腹立たしかったのは、彼の科学的管理法のいわゆる第四原則が、仕事の分析は、少なくとも労働者の意見を聞いて行なうものとしていたことだった。

とどめとして彼は、工場における権威は所有権ではなく知識の優越性にもとづかなければならないとした。言い換えると、今日われわれがプロのマネジメントと呼ぶものを要求した。そしてまさにこの要求こそ、一九世紀の資本家にとっての異端であり異教だった。彼は扇動家、社会主義者として攻撃された。信奉者や友人、特にその右腕だったカール・バースは、札付きの左翼、筋金入りの反資本主義者とされた。

テイラーのもたらした最大の貢献は教育訓練にあった。わずか一〇〇年前、アダム・スミスは、ボヘミアやザクセンの楽器製造、スコットランドの絹織物を例に引き、高度な製品の製造に必要な技能を手にするには少なくとも五〇年、多くは一〇〇年の年月を要するとしていた。

その七〇年後の一八四〇年、ドイツ人のアウグスト・ボルジヒが工場における経験と学校で学んだ理論を結合し、今日も続いているドイツの徒弟制度を発明した。このマイスター制度は現在もなおドイツ製造業の生産性を支えている。だがボルジヒの制度のもとでさえ、熟練工の養成には三年から五年を要した。

ところがアメリカは、最初は第一次大戦中、そして特に第二次大戦中において、数カ月で第一級の工員を養成するためにテイラーの方法論を体系的に導入していった。このことは日本やドイツとの戦争に勝利するうえで最大の要因となった。

第二次大戦前の経済大国のすべて、すなわちイギリス、アメリカ、ドイツは新技術におけるリーダーシップによって勃興した。これに対し日本を筆頭に、韓国、台湾、香港、シンガポールと続くことになったアジア諸国は、テイラーの訓練によって勃興した。

これらの国々は、テイラーの訓練のおかげで、工業化前の低賃金の労働力に世界最高水準の生産性を与えることができた。こうして第二次大戦後、テイラーの方法論を基礎におく訓練は、経済発展のための唯一の原動力となった。仕事への知識の適用が生産性を爆発的に増大させた。

肉体労働の生産性

働く者自身のものづくりの能力は、数百年にわたって進歩していなかった。機械化は生産能力の増大をもたらしたが、働く者自身は古代ギリシャの作業場、ローマ帝国の道路づくり、ルネッサンス時代のフィレンツェに富をもたらした毛織物づくりと比べ、何ら生産性を向上させていなかった。

ところがテイラーが知識を仕事に適用した数年後、肉体労働の生産性は年率三・五パーセントから四パーセントで伸びはじめた。この数字は一八年で生産性が倍増することを意味した。その結果、あらゆる先進国において生産性は五〇倍に増加した。この前例のない生産性の伸びが生活水準と生活の質の向上をもたらした。

生産性の伸びの成果の半分は購買力の増大、すなわち生活水準の向上をもたらした。三分の一は自由時間の増大をもたらした。一九一〇年にいたっても、労働者ははるか昔と同じように年間三〇〇〇時間以上働いていた。今日では日本でさえ年間二〇〇〇時間、アメリカは一八五〇時間、ドイツは一六〇〇時間しか働いていない。その彼らが一時間当たり八〇年前の五〇倍以上を生産している。

生産性の伸びの成果は医療や教育にも表われた。医療費が先進国ではGNPの実にゼロパーセントから一二パーセントに増大した。教育費もGNPの二パーセントから一〇パーセント以上に増大した。

こうして生産性の伸びのほとんどは、テイラーが予測したように労働者、つまりマルクスのいうプロレタリアの分け前となった。

ヘンリー・フォードは一九〇八年、最初の低価格車T型フォードを世に出した。だが「低価格車」というのは、今日の双発自家用機並みだった当時の他の自動車の価格と比べての話にすぎなかった。七五〇ドルの価格は、諸手当なしの日給八〇セントがかなりの高賃金だった当時の工場労働者にとって、三、四年分の収入に相当した。当時アメリカでは、医者でさえめったに年間五〇〇ドル以上は稼げなかった。しかし今日、アメリカ、日本、ドイツにおいて、労働組合に入っている自動車労働者は、より短い労働時間で低価格車八台分の年収を得ている。

プロレタリアがブルジョアになった

一九三〇年までに、テイラーの科学的管理法は、労働組合と知識人の強い抵抗にもかかわらず、あらゆる先進国に行き渡った。その結果、マルクスのプロレタリアがブルジョアになった。資本家ではなく製造業のブルーカラー労働者、いわゆるプロレタリアが資本主義と産業革命の受益者になった。

マルクスが一九〇〇年までに革命が起こると予言した先進国において、マルクス主義が完全に失敗した原因がここにあった。また、一九一八年以降、第一次大戦によって困窮、飢餓、失業に見舞われた中欧諸国において革命が起こらなかった理由もここにあった。レーニン、スターリン、そして事実上あらゆるマルクス主義者の確信と期待に反し、大恐慌が共産革命をもたらさなかった理由もここにあった。マルクスのプロレタリアは、富裕にはならなかったにせよ中流になった。彼らは生産性の高い存在になった。

ダーウィン、マルクス、フロイトといえば、近代社会をつくった人間として引き合いに出される。だが公正さというものがあるならば、マルクスの代わりにテイラーを入れるべきである。とはいえ、テイラーが正当な評価を受けていないことは些細な問題にすぎない。深刻な問題は、この一〇〇年間における生産性の爆発的な向上をもたらし、先進国経済を生み出したものが仕事への知識の適用だったという事実を、ほとんどの者が認識していないことにある。

テクノロジストは機械のおかげといい、経済学者は設備投資のおかげという。だがそれらはいずれも、資本主義の時代の最初の一〇〇年間、すなわち一八八〇年以前も、それ以降今日にいたると同じように豊富に存在していた。技術や資本に関しては、最初の一〇〇年も次の一〇〇年もほとんど変わっていない。

ところが最初の一〇〇年間、労働者の生産性はまったく増大しなかった。その結果、労働者の実質所得はほとんど増加せず、労働時間もほとんど減少しなかった。後の一〇〇年間を決定的に違うものにしたものは、知識の仕事への適用の結果だったとしか説明できない。

ポスト資本主義社会における知識労働者の生産性の向上もまた、知識の仕事への適用によってはじめて実現する。機械と資本によって彼らの生産性を上げることはできない。機械と資本を投入しただけでは生産性を上げるどころか阻害するだけである。

テイラーが活躍しはじめたころ、働く者の一〇人に九人は、肉体労働すなわち製造業、農業、鉱業、輸送業において物をつくったり運んだりしていた。今日でも物をつくったり運んだりする人たちの生産性は、かつてと同じように年率三・五パーセントから四パーセントで伸びている。アメリカやフランスの農業ではさらに高い割合で伸びている。しかし、この生産性革命も終わった。

一九五〇年代において、物をつくったり運んだりする人たちは先進国でも過半を占めていた。ところが一九九〇年には、労働力人口の五分の一にまで縮小した。二〇一〇年には、おそらく一〇分の一以下になるだろう。したがって、製造業、農業、鉱業、輸送業における肉体労働者の生産性の向上は、もはやそれだけでは社会全体の富を大幅に増大させることはできない。

知識の知識への適用

生産性革命は、まさに生産性革命そのものの成功の犠牲となった。今後問題となるのは非肉体労働者の生産性のほうである。そしてそのためには知識の知識への適用が不可欠となる。

一九二六年、私がギムナジウムを終えたあと働きに出ることを決めたとき、父は失望した。家は代々法律家か医者だった。しかし父は私をドロップアウトとは見なかったし、私の気持ちを変えさせようともしなかった。私が一廉《ひとかど》にはなれそうもないともいわなかった。私はすでに大人として働くことを望む責任ある大人になっていた。

その私が三〇年後、私と同じように早く大人の仲間入りをしたがっていた一八歳の息子に、大学に行くことを勧めた。息子も父親の私と同じように、一二年間の学校生活ではほとんど何も学べなかったと思っていた。あと四年で何かを学べる可能性はあまりなかった。彼も学習志向ではなく行動志向だった。

高卒の私は商社で仕事を得るのに苦労しなかった。だが三〇年後の商社は高卒を採らなくなっていた。あと四年大学に行き、できれば大学院まで行ってから来てくださいというようになっていた。

一八七六年生まれの私の父親の時代には、大学は、裕福な子供や貧乏でも特に頭のよい子供の行くところだった。一九世紀のアメリカで実業人として成功した者のなかで大学へ行ったのは、数学を学ぶためにゲッティング大学に入学し、一年で退学したJ・P・モーガンだけだった。高校を卒業するどころか、高校へ行ったことのある者さえわずかだった。

私の時代にはすでに、大学へ行くことは望ましいことになっていた。それは社会的な地位を与えた。しかしそれでも、仕事や人生にとって必要不可欠でも大きな助けになるものでもなかった。私がはじめて大企業の研究を行なった当時、GMの広報部門はトップ経営陣のかなりの数が大卒であることを隠そうとしていた。当時は機械工から出発し昇進していくことが理想とされていた。

一九五〇年ないし六〇年にいたってなお、アメリカ、イギリス、ドイツでは(日本ではすでにそうではなくなっていたが)、一家をかまえる早道は、大学へ行くことではなく一六歳で大量生産工場に入ることだった。そうすることによって、数カ月後には一人前の労働者として生産性革命の成果である中流の所得を得ることができた。

だがそのような道はもうない。今日では、体系的な知識の所有を証明する学位をもたないかぎり、中流以上の所得を得る道はあまりない。

世界を席巻するマネジメント革命

二五〇年前に始まった知識の意味の変化が、ふたたび社会と経済を大きく変えつつある。今や正規の教育によって得られる知識は、個人の、そして経済活動の中心的な資源である。今日では知識だけが意味ある資源である。もちろん伝統的な生産要素、すなわち土地、労働、資本がなくなったわけではない。だがそれらは二義的な要素となった。それらの生産要素は知識さえあれば入手可能である。しかも簡単に手に入れられる。

もちろんそのような新しい意味における知識とは、効用としての知識、すなわち社会的、経済的成果を実現するための手段としての知識である。この変化は、それが望ましいかどうかは別として、もはや元に戻すことのできない一つの変化、すなわち知識を知識に適用したことによる結果である。これが知識の変化の第三段階、おそらくは最終段階である。

つまるところ、成果を生み出すために、既存の知識をいかに有効に適用するかを知るための知識がマネジメントである。しかも今日、いかなる新しい知識が必要か、その知識は可能か、その知識を有効にするためには何が必要かを明らかにするために、知識は意識的かつ体系的に適用されるようになった。しかも、知識はイノベーションにも不可欠のものである。

知識にかかわるこの変化の第三段階は、マネジメント革命と名づけられる。今日、すでにこのマネジメント革命が、前の二つの変化、道具、工程、製品への知識の適用、および仕事そのものへの知識の適用と同じように世界を席巻した。

産業革命が世界中で支配的な流れとなるには、一八世紀半ばから一九世紀半ばまでの一〇〇年を要した。生産性革命の場合には一八八〇年から第二次大戦末期までの七〇年を要した。この度のマネジメント革命は一九四五年から一九九〇年までの五〇年に満たない期間しか要していない。

組織の機関としてのマネジメント

多くの人にとって、マネジメントといえば企業経営を意味する。だがそれは、たんにマネジメントが最初に現われたのが大企業だったからにすぎない。五〇年ほど前、マネジメントの研究に取り組んだとき、私も企業のマネジメントに焦点を合わせていた。

やがてあらゆる近代組織において、マネジメントの必要が明らかになっていった。すでにわれわれは、NPO（非営利組織）であれ政府機関であれ、企業以外の組織こそマネジメントをいっそう必要としていることを知るにいたった。それは、それらの組織がまさに企業活動の基礎である収支のコンセプトを欠いているからだった。

マネジメントが企業に限定されないことが最初に認識されたのはアメリカだった。今日、この認識はあらゆる先進国において受け入れられている。今やわれわれは、マネジメントが組織の使命にかかわりなく、組織に備わるべき特有の機能であり機関であることを知っている。マネジメントは知識社会にとって不可欠のものである。

マネジメントは大昔からいたるところに存在してきた。私はよく、最も優れた最も偉大な経営者は誰かと聞かれる。私は四〇〇〇年前にはじめてピラミッドを構想し、設計し、建設した古代エジプト人であると答える。

マネジメントが、それ自体一つの仕事であることが理解されたのは第一次大戦後である。体系としてのマネジメントが現われたのは第二次大戦後である。世界銀行がはじめて経済開発のための融資を行なった一九五〇年にいたってなお、マネジメントという言葉は世界銀行では使われていなかった。

実際マネジメントは、数千年も昔に発明されていたにもかかわらず、発見されたのは第二次大戦後だった。

マネジメントは、第二次大戦の経験と、当時のアメリカの産業活動を通じて発見された。それが広く受け入れられるうえで、一九五〇年以降の日本の産業活動が重要な役割を果たした。

第二次大戦直後の日本は、低開発国ではなかったが産業と経済は破壊され、事実上いかなる新技術も生み出さなかった。日本がもっていたものは、第二次大戦中アメリカによって開発されたマネジメント、特に教育訓練を導入し適用しようとする熱意だけだった。その日本が、一九五〇年代から七〇年代の二〇年間に世界第二位の経済大国となり技術先進国となった。

五〇年代のはじめに朝鮮戦争が終わったとき、韓国はその七年前の日本よりもさらに破壊がひどかった。しかも韓国は第二次大戦前の三五年間、企業活動と高等教育を抑えられていた。朝鮮戦争終結時、韓国は発展途上国以外の何ものでもなかった。その韓国が優秀な青年をアメリカに留学させ、マネジメントを輸入し、利用することによってわずか二五年で先進国となった。

マネジメントが広範かつ強力に普及していった結果、マネジメントの真の意味が理解されるようになった。第二次大戦中とその直後、私がはじめてマネジメントについて研究を始めた頃、マネジメントとは部下の仕事に対して責任をもつ者だった。言い換えると、それはボスだった。地位と権力を意味した。今日にいたるも多くの人が、マネジメントというとおそらく心に描くであろう定義がこれである。

しかし五〇年代はじめにはすでに、マネジメントとは他の人間の働きに責任をもつ者と定義されるようになった。しかも今日われわれは、この定義さえ狭義にすぎることを知っている。正しくは知識の適用と知識の働きに責任をもつ者である。

このような定義の変化は、知識が中心的な資源と見られるようになったことを意味する。今日では土地、労働、資本は制約条件にすぎない。もちろんそれらのものがなければ、知識といえども何も生み出すことはできない。マネジメントの仕事をすることもできない。だがすでに今日では、効果的なマネジメント、すなわち知識の知識に対する適用が行なわれさえすれば、他の資源はいつでも手に入れられるようになっている。

知識とは何か

知識が単なるいくつかの資源のうちの一つではなく資源の中核になったことにより、われわれの社会はポスト資本主義社会（脱資本主義社会）となった。この事実が社会の構造を根本から変える。新しい社会の力学を生み、新しい経済の力学を生む。そして新しい政治を生む。

社会の重心が知識に移行していった三つの段階、すなわち産業革命、生産性革命、マネジメント革命の根底にあったものが知識の意味の変化だった。こうしてわれわれは一般知識から専門知識へと移行した。かつての知識は一般知識だった。これに対し今日知識とされているものは、必然的に高度の専門知識である。

これまで専門知識をもつ人間について論じられたことはなかった。これまで論じられてきたのは、教育ある人間、教養人だけだった。教育ある人間とはゼネラリストだった。いろいろなことについて話し書くために必要なことを知っていた。いろいろなことを理解するために必要なことも知っていた。しかし彼らは、何かを行なうために必要なことは何一つ知らなかった。

昔の人は「夕食の客には教養人がよい。砂漠では仕事人がよい。教養人はいらない」といった。すでにアメリカの大学では、伝統的な教養人は教育ある人間とさえ見られなくなっている。趣味人として軽く見られている。

マーク・トゥエインが一八八九年に書いた小説の主人公、コネティカット出身のヤンキーは教養人ではなかった。ラテン語もギリシャ語も解さず、シェークスピアはおろか聖書さえほとんど読んでなかった。しかし彼は、機械のことなら電気を起こすことから電話をつくることまですべて知っていた。

ソクラテスにとって、知識の目的は己れを知ることであり、己れを啓発することだった。成果は心のうちにあった。

ソクラテスのライバルであるプロタゴラスにとって、知識の目的は何をいうかを知り、いかに上手にいうかを知ることだった。彼にとって重要なことはイメージだった。二〇〇〇年以上にわたって、このプロタゴラスの知識のコンセプトが西洋の学問を支配し、知識を規定した。中世の三大科目いわゆる教養科目の基本が論理、文法、修辞だった。それらは、何をいうか、いかにいうかの道具であって、何をなすか、いかになすかの道具ではなかった。

東洋の学問と文化を数千年にわたって支配してきた仏教における知識のコンセプトと、儒教における知識のコンセプトもまた同じ関係にあった。前者は己れを知ることに焦点を合わせ、後者は中世の三大科目と同じように論理、文法、修辞に相当するものに焦点を合わせた。

方法論としての技術

今や知識とされるものは、それが知識であることを行為によって証明しなければならない。今日われわれが知識とするものは、行動のための情報、成果に焦点を合わせた情報である。その目的とするものは、人間の外、社会と経済、さらには知識そのものの発展である。

しかもこの知識は、成果を生むために高度に専門化していなければならない。実は、由緒ある教養科目が、専門化した知識をテクネ、つまり技能の地位に貶めてきた理由がここにあった。テクネであったがゆえに、それらの技能は学ぶことも教えることもできなかった。法則もなかった。具体的に専門化されすぎていた。学習できるものではなく、経験でしか得られなかった。教育によってではなく、訓練でしか得られなかった。

もちろん今日われわれが使っている知識はそのような技術ではない。体系化された専門知識である。知識と技術にかかわるこの変化こそ、知識の歴史における最大の変化である。体系が技術を方法論に変えた。エンジニアリングであり、科学的、定量的手法であり、医学の診断だった。それらの方法論は、個別的な経験を普遍的な体系に変えた。挿話を情報に変えた。技術として教え学べるものに変えた。

この一般知識から専門知識への重心の移行が、新しい社会を創造する力を知識に与える。その新しい社会は、専門知識と知識労働者を基礎として構成される。そしてその彼らに力が与えられる。しかしそのとき、価値やビジョンや信条にかかわる問題、すなわち社会を社会とし、一人ひとりの人生を意味あるものにすることにかかわるあらゆる種類の問題が生じる。さらにまったく新しい問題が生じる。それは、専門知識の社会において、真に教育ある人間の要件は何かという問題である。

エピローグ　インタビュー「新技術は世界をどう変えつつあるか」

――情報技術のような新技術が社会や経済に与える影響をどう見ているか。

最大のインパクトは意識の変化である。産業革命において鉄道が距離を縮めたように、ＩＴ革命ではインターネット、特にｅコマースが距離をなくす。産業革命において鉄道が生んだ心理的な地理によって人は距離を征服した。ｅコマースが生んだ心理的な地理によって距離は消えた。もはや世界には、一つの経済、一つの市場しかない。

ｅコマースの時代にあってはローカルな存在はありえない。もちろん、どこで生産し、どこで販売し、いかに販売するかは重要である。しかし、まもなくそれらのことさえ意味がなくなる。まったく新しく、誰も予期できなかった変化である。私の友人でグローバル企業のＣＥＯがいる。アメリカの西海岸時間の朝四時から、毎朝世界中のマネジャーと三〇分程度のテレビ会議を開いている。国内の会社の社内で会議をするように、互いに顔を見ながら会議をしている。「会議では毎日どんな重要なことを決めているのか」と聞いたら、「いや、特に毎日何かを決めているわけではない」という。「全体の一体性を保つためにやっているんだ」といっていた。

今から二〇年前にはそのようなことは行なわれていなかった。技術的にも行なうことはできなかった。そのようなニーズとそのような技術のどちらが先に生まれたかは、私にもよくわからない。

——情報革命は組織にいかなる変革を促すのか。

大事なのは意思の疎通という意味でのコミュニケーションだ。コミュニケーションが行なわれるには、情報と意味の二つが必要である。東京の連中、カリフォルニアの連中、北京の連中というふうに、お互いの気心がわかっていなければならない。考え方を知っていることが情報をコミュニケーションに転換する触媒となる。

そして、そこで大きな役割を担うようになったのが、情報技術のハードであり、ソフトである。ここで理論と技術を身につけたテクノロジストが情報化のインフラとして大きな役割を果たす。産業革命もジェイムズ・ワット（蒸気機関の発明者）だけではたいしたことはできなかったはずだ。産業革命が産業革命たりえたのは、イギリスに工具製作者というテクノロジストがすでに誕生していたためである。

情報についてはさらに大きな変化がやってくる。なぜなら、まだ今のところ、情報のほとんどは組織やグループの内部のことについてのものだからである。外部の世界についての情報は混乱してばらばらなままだ。企業をはじめ、役所や大学、病院その他のあらゆる組織にとって、成果は組織の内部にではなく、外部にある。その外部の世界についての情報が全然把握されていないのが実状だ。外部の経営環境についての情報に正面から取り組んでいる組織はまだまだ少ない。ということは、情報革命の本番はこれからだということだ。

日本の企業にしても立派なインフォメーション・システムをもってはいるものの、中身のほとんどは組織内部の情報だ。しかも、過去のことについての情報である。一番大事な市場や経営環境や技術変化についての情報は未整備のままである。しかし、欧米の企業も同じ状況にある。企業以外の組織も同じだ。入試準備中の若者のほうが大学についての情報を集めている。実は組織内部の情報にしても、今手にしているのは情報ではなくデータにすぎない。外部の情報をいかに手にするか、それをいかに使いこなすかという問題こそ、われわれに課された情報にかかわる最大の課題であり、挑戦である。

――今、「テクノロジスト」という言葉を使われたが……。

文明をつくるのは技術であり、テクノロジストである。知識労働者のなかで、知識労働と肉体労働の両方を使う人たちをテクノロジストと呼ぶ。彼らは知識労働の用意があり、教育と訓練を受けた人たちである。彼らこそが先進国で唯一といっていいほどの競争要因となる。働く者のますます多くがテクノロジストとなっていく。知識労働者の生産性の問題に関しては、特にテクノロジストの生産性が重要性を増していく。だからこそ、技術のマネジメントが重要な意味をもつ。

理系の者がマネジメントを理解し、文系の者が技術を理解することが大切だ。さらには、テクノロジストの生産性をいかに上げるかが重要な意味をもつ。

――知識と仕事との関係をどう考えるか。

第一に、単純肉体労働については、一八八〇年から一九二九年頃の間に生産性向上の方法がまとめあげられた。フレデリック・W・テイラーのサイエンティフィック・マネジメント（科学的管理法）、のちのTQCやインダストリアル・エンジニアリングのおかげだ。その後今日までの間に肉体労働の生産性は五〇倍にも伸びた。したがって、二〇世紀の経済発展は科学的管理法による肉体労働の生産性向上によってもたらされたものであり、テイラーのおかげであったといえる。テイラーは仕事に知識を適用した最初の人だった。文明をつくるのは技術であり、技術こそが文明の変革者だということである。

そもそも知識とされるものは、それが知識であることを行為によって証明しなければならない。今日われわれが知識とするものは、明日の行動のための情報、成果に焦点を合わせた情報である。

しかも、知識は成果を生むためには高度に専門化していなければならない。知識と技術にかかわるこの変化こそ、知識の歴史における最大の変化である。体系が技術を方法論に変えた。それらの方法論は、個別的な経験を普遍的な体系に変えた。技術として教え学べるものに変えた。

一般知識から専門知識への重心の移行が、新しい社会を創造する力を知識に与える。そして、今われわれにとって知識労働の生産性の向上、しかもその飛躍的な向上に取り組むべきときがきた。

――教授のいう新技術による文明転換の根拠を教えてほしい。

知識が社会の中心に座り社会の基盤になったことが、知識そのものの性格、意味、構造を変えた。この断絶こそが最も急激であって最も重要である。

実をいうと、知識労働の生産性は一五世紀のグーテンベルクによる印刷革命以来、たいして伸びていない。教室での教え方を例にとっても、中身は変わっていない。ほとんどの教室が相変わらず退屈きわまりない状態のままだ。しかし、ついに大きな変化がくる。情報技術のおかげだ。いよいよ再び技術が教育を通じて文明を変える。価値ある授業ならば今までの何百倍もの人が受けるようになる。すでに先進的な教育機関では実現されている。それだけでも革命的な変化だ。この変化がこれから加速していく。

情報技術によって教え方が変わり、驚くべきことに、教えることの中身まで変わっていくはずである。教育という知識の伝達方法の変化がこの前起こったのは、印刷革命によってだった。印刷革命が人類の歴史を変えた。人類の歴史において、知識が主役の座を得たのも活版印刷の発明以降のことだった。活版印刷の発明が書物の大量生産をもたらし、社会を一新し、文明を生んだ。活版印刷による印刷本の出現こそ真の情報革命だったといえる。

それまでは何千人という修道士が書物を筆写していた。最初の印刷本は一四五五年に印刷された。約五〇年後の一五〇六年には、パリやアントワープの印刷テクノロジストは富豪となって貴族にまで列せられた。一冊一冊筆写していたものが三〇〇冊の印刷に一日を要するのみとなった。のみならず、印刷革命は労働力をも変えた。数千人に上る教養ある修道士から生計の資を奪った。印刷が宗教改革をもたらしたわけではない。しかし印刷がなければマルチン・ルターも聖書を印刷できず、彼の宗教改革も地元の小さな運動に終わっていたはずだ。ルターはメディアとしての印刷本を理解したのだった。

ご承知のように、この印刷革命が人類の文化・文明を変えた。近代合理主義を生んだものは、蒸気機関ではなくこの印刷本だった。経済発展なるものを生んだのもこの印刷本だった。ところが、この印刷革命の後、今日の情報技術出現までの約五〇〇年間、知識労働の生産性に関してはたいした進展は見られなかった。

――それでは、現在進行中の技術革命で世の中はどのように変わるのか。

先進国では労働力構成が大きく変わる。まず肉体労働の位置づけが変わる。単純肉体労働者は数も割合も減少する一方となる。若干の技術を身につけただけの肉体労働者も減少する。そもそも成り手がいなくなる。肉体労働者は職場の数の減少を超えて減る。当然、途上国からの外国人労働者が必要になる。ところが、外国人労働者の流入は文化にかかわる問題であって、この問題に経験があって習熟しているアメリカはうまくしのげるかもしれないが、他の先進国では社会と政治にかかわる大問題になる。

肉体労働者の減少と位置づけの変化は、すでに労働組合に影響をもたらしている。日本にしてもドイツにしても、肉体労働者の組織体としての労働組合は急速に政治的な力を失っている。どこの国でも、労働組合は拮抗力としてのみずからのあり方を探っているところだ。

――技術のマネジメントにとって必要なことは何か。

技術が社会そのものを変えていっている。ということは、われわれは技術がもたらすものを注視していかなければならないということであり、技術そのものをマネジメントしていかなければならないということである。

そのために必要なものは、いわゆるテクノロジー・アセスメントではない。人間の力ではテクノロジーの影響を評価しきることはできない。関係する要因が多すぎる。因果関係という、モダンつまり近代合理主義の手法では処理しきれない。

なかでも最大の危険は、新技術の影響を予測できると誤解し、本当に重要な仕事を軽んじることである。技術というものの全貌を知るには予測は無効である。せいぜいトラック一杯分の誰も読まない資料をつくるだけに終わる。

では、何が必要か。テクノロジー・モニタリングである。モニタリング、つまり監視していくことである。新技術についての予測はどうしても賭けになる。間違った技術を奨励したり、最も恩恵をもたらす技術を軽視する危険がある。ゆえに発展途上の技術についてはモニタリングが必要となる。観察し、評価し、判定していかなければならない。これこそがマネジメントの責任である。

さらにもう一つ付け加えるならば、これからの複雑で変化の激しい時代においては、企業にせよ、病院、大学、政府機関にせよ、あるいは経営政策、マーケティング、イノベーション、人のマネジメント、技術のいずれにおいても、みずからが世の中に与える影響についてはすべて自分に責任があるという倫理観が不可欠となる。

――最後に、激動の時代における日本の可能性を教授はどう見るか。

私は個人に対しても国に対しても助言は与えられない。しかし、日本には平安時代にさかのぼる他の国にはない強みがある。外の世界で生まれたものを導入し、消化し、使いこなすという力である。最もそれがよく現われているのが日本の美術である。中国から輸入した水墨画は、もはや中国の水墨画ではなく、日本の水墨画である。日本は明治の開国でも、西洋の日本化に成功した。第二次世界大戦の後も、日本化した復興に成功した。それらはすべて日本の西洋化ではなく、「西洋の日本化」だった。

しかも、日本は東洋と西洋の橋渡しの役を果たしてきた。東洋のものを西洋に伝え、西洋のものを東洋に伝えてきた。さらにいうならば、日本はアジアの一員であり、西洋の一員であるというきわめてユニークな位置づけにある。

すでに日本は中国で三〇年にわたって成功してきた。躍進の目覚ましい中国の沿岸地方で重要な役割を果たしてきた。これからの日本にとっては、アジアの二つの国がみずからにとっての巨大なチャンスとなり、かつ巨大なライバルとなるだろう。それが中国であり、インドである。

（本インタビューは二〇〇五年五月七日、カリフォルニア州クレアモントの自宅で行なわれた。）

編訳者あとがき

ピーター・F・ドラッカー、九五歳にしてばりばりの現役である。執筆、講演、インタビュー、企業やNPOへの相談に忙しい。書いたものは世界中で読まれ、テレビへの出演は高視聴率を得る。今なお経営、経済、社会、政治に重大な影響を与えつづけている。現代社会最高の哲人とされ、かつマネジメントの生みの親、育ての親とされる。そのドラッカーは、アメリカ技術史学会の会長をつとめたことのある技術の大家でもある。

ドラッカーは、ものづくりの技術が文明をつくるという。だからこそ技術のマネジメントに力を入れる。文明、技術、マネジメントを論じて彼の右に出る者はいない。ところが残念ながら、これまで技術を中心にまとめた著作はなかった。

そこで日本のみならず、世界的にものづくりの復権が叫ばれ、MOT(マネジメント・オブ・テクノロジー)の研究が進められている今こそ、技術関係の論文をまとめておくべきではないかとご本人に提案したところ、早速まとめようということになった。構成と編集について何度かやりとりの末できあがったものが本書、はじめて読むドラッカー(技術編)『テクノロジストの条件——ものづくりが文明をつくる』である。実はこの編集経緯からも明らかなように、本書はドラッカーの技術論の総集編とドラッカー入門書のうちの一編という二つの顔をもつこととなった。そのため初出文献一覧に見るように、「はじめて読むドラッカー・シリーズ」の既刊三作中の論文のいくつかが重複して収載することとなったことをお断りしておきたい。

ドラッカーの魅力とはそれぞれのドラッカーである。不思議なことに、誰もが自分のために特別に書いてくれたと確信する。やや遅ればせではあったが、本書によって技術の大家としてのドラッカーがその全貌を現わした。本書はいわば理系のためのドラッカーであり、かつ文系のための技術論である。だが、それらをはるかに越えたものでもある。一読するならばまさに世界観が一変する。これまでわだかまっていた疑問が氷解する。少なくとも問題解釈と問題解決への道を自分で見つける道標を得る。

本書においても、読みやすくするため、既訳の論文を含め翻訳と小見出しを一新した。技術のマネジメント、さらにはモダンからポストモダンへの移行という、今日最も重要な分野の論文の編集の機会を与えてくださったドラッカー教授、本書編集中に行なわれた最新のインタビューの本書への収載にご協力いただいた東洋経済新報社、そしていつものように制作を担当されたダイヤモンド社の中嶋秀喜さんに深く謝意を表したい。

二〇〇五年初夏

上田惇生

初出文献一覧

Part 1

プロローグ　未知なるものをいかにして体系化するか…『変貌する産業社会』一九五七年
第1章　仕事と道具…「技術と文化」誌、一九五九年
第2章　古代の技術革命に学ぶべき教訓…「アメリカ技術史学会会長講演」一九六五年
第3章　近代を生み出したものは何か…「技術と文化」誌、一九六一年
第4章　IT革命は産業革命になれるか…『アトランティック・マンスリー』誌、一九九九年、『プロフェッショナルの条件』

Part 2

第5章　知識労働の生産性…『明日を支配するもの』一九九九年
第6章　ベンチャーのマネジメント…『イノベーションと起業家精神』一九八五年、『チェンジ・リーダーの条件』
第7章　つくるだけでは終わらない——製造の新理論…「ハーバード・ビジネス・レビュー」誌、一九九〇年

Part 3

第8章　技術をマネジメントする…バックマン編『労働・技術・生産性』一九七四年
第9章　方法論としての起業家精神…『断絶の時代』一九六九年
第10章　イノベーションのための組織と戦略…『マネジメント』一九七四年
第11章　既存の企業におけるイノベーション…『イノベーションと起業家精神』一九八五年、『チェンジ・リーダーの条件』
第12章　イノベーションの機会はどこにあるか…「ハーバード・ビジネス・レビュー」誌、

一九八五年

Part 4

第13章　分析から知覚へ…『新しい現実』一九八九年、『イノベーターの条件』

第14章　知識の意味を問う…『断絶の時代』一九六九年、『イノベーターの条件』

第15章　ポスト資本主義社会の到来…『ポスト資本主義社会』一九九三年、『プロフェッショナルの条件』

エピローグ　インタビュー「新技術は世界をどう変えつつあるか」…「週刊東洋経済」誌、二〇〇五年七月二日号

ピーター・F・ドラッカー著作目録

一．『「経済人」の終わり――全体主義はなぜ生まれたか　*The End of Economic Man: The Origins of Totalitarianism*』（一九三九年、日本版『経済人の終わり』一九六三年、岩根忠訳、東洋経済新報社。日本版新版一九九七年、上田惇生訳、ダイヤモンド社）

二．『産業人の未来――改革の原理としての保守主義　*The Future of Industrial Man*』（一九四二年、日本版『産業にたずさわる人の未来』一九六四年、岩根忠訳、東洋経済新報社。『産業人の未来』一九六五年、田代義範訳、未来社。日本版新訳一九九八年、上田惇生訳、ダイヤモンド社）

三．『企業とは何か――その社会的な使命　*Concept of the Corporation*』（一九四六年、日本版『会社という概念』一九六六年、岩根忠訳、東洋経済新報社。『現代大企業論』一九六六年、下川浩一訳、未来社。日本版新訳二〇〇五年、上田惇生訳、ダイヤモンド社）

四．『新しい社会と新しい経営　*The New Society: The Anatomy of the Industrial Order*』（一九四九年、日本版一九五七年、現代経営研究会訳、ダイヤモンド社）

五．『現代の経営　*The Practice of Management*』（一九五四年、日本版一九五六年、現代経営研究会訳、自由国民社。一九六五年、野田一夫監修、現代経営研究会訳、ダイヤモンド社。日本版新訳一九九六年、上田惇生訳、ダイヤモンド社）

六．『オートメーションと新しい社会　*America's Next Twenty Years*』（一九五五年、日本版一九五六年、中島正信監訳、涌田宏昭訳、ダイヤモンド社）

七．『変貌する産業社会　*The Landmarks of Tomorrow*』（一九五九年、日本版一九五九年、現代経営

研究会訳、ダイヤモンド社)

八.『創造する経営者 *Managing for Results*』(一九六四年、日本版一九六四年、野田一夫、村上恒夫訳、ダイヤモンド社。日本版新訳一九九五年、上田惇生訳、ダイヤモンド社)

九.『経営者の条件 *The Effective Executive*』(一九六六年、日本版一九六六年、野田一夫、川村欣也訳、ダイヤモンド社。日本版新訳一九九五年、上田惇生訳、ダイヤモンド社)

一〇.『断絶の時代――いま起こっていることの本質 *The Age of Discontinuity*』(一九六九年、日本版一九六九年、林雄二郎訳、ダイヤモンド社。日本版新訳一九九九年、上田惇生訳、ダイヤモンド社)

一一.『*Technology, Management, and Society*』(一九七〇年)

一二.『*Men, Ideas, and Politics*』(一九七〇年)

一三.『マネジメント――課題、責任、実践 *Management: Tasks, Responsibilities, Practices*』(一九七三年、日本版一九七四年、野田一夫、村上恒夫、風間禎三郎、久野桂、佐々木実智男、上田惇生訳、ダイヤモンド社。『抄訳マネジメント』一九七五年、上田惇生訳、ダイヤモンド社)

一四.『見えざる革命――年金が経済を支配する *The Pension Fund Revolution*』(一九七六年、日本版一九七六年、佐々木実智男、上田惇生訳、ダイヤモンド社。日本版新訳一九九六年、上田惇生訳、ダイヤモンド社)

一五.『傍観者の時代 *Adventures of a Bystander*』(一九七九年、日本版一九七九年、風間禎三郎訳、ダイヤモンド社)

一六.『乱気流時代の経営 *Managing in Turbulent Times*』(一九八〇年、日本版一九八〇年、堤清二監訳、久野桂、佐々木実智男、上田惇生訳、ダイヤモンド社。日本版新訳一九九六年、上田惇生

訳、ダイヤモンド社）

一七．『日本 成功の代償 *Toward the Next Economics and Other Essays*』（一九八一年、日本版一九八一年、久野桂、佐々木実智男、上田惇生訳、ダイヤモンド社）

一八．『最後の四重奏 *The Last of All Possible Worlds*（小説）』（一九八二年、日本版一九八三年、風間禎三郎訳、ダイヤモンド社）

一九．『変貌する経営者の世界 *The Changing World of the Executive*』（一九八三年、日本版一九八二年、久野桂、佐々木実智男、上田惇生訳、ダイヤモンド社）

二〇．『善への誘惑 *The Temptation to Do Good*（小説）』（一九八四年、日本版一九八八年、小林薫訳、ダイヤモンド社）

二一．『イノベーションと企業家精神――その原理と方法 *Innovation and Entrepreneurship*』（一九八五年、日本版一九八五年、小林宏治監訳、上田惇生、佐々木実智男訳、ダイヤモンド社。日本版新訳一九九七年、上田惇生訳、ダイヤモンド社）

二二．『マネジメント・フロンティア――明日の行動指針 *The Frontiers of Management: Where Tomorrow's Decisions are being Shaped Today*』（一九八六年、日本版一九八六年、上田惇生、佐々木実智男訳、ダイヤモンド社）

二三．『新しい現実――政府、経済、ビジネス、社会、世界観はどう変わるか *The New Realities*』（一九八九年、日本版一九八九年、上田惇生、佐々木実智男訳、ダイヤモンド社。日本版新訳二〇〇四年、上田惇生訳、ダイヤモンド社）

二四．『非営利組織の経営――原理と実践 *Managing the Nonprofit Organization: Principles and Practices*』（一九九〇年、日本版一九九一年、上田惇生、田代正美訳、ダイヤモンド社）

二五．『すでに起こった未来――変化を読む眼　*The Ecological Vision: Reflections on the American Condition*』（一九九二年、日本版一九九四年、上田惇生、佐々木実智男、林正、田代正美訳、ダイヤモンド社）

二六．『未来企業――生き残る組織の条件　*Managing for the Future: The 1990s and Beyond*』（一九九二年、日本版一九九二年、上田惇生、佐々木実智男、田代正美訳、ダイヤモンド社）

二七．『ポスト資本主義社会――二一世紀の組織と人間はどう変わるか　*Post-Capitalist Society*』（一九九三年、日本版一九九三年、上田惇生、佐々木実智男、田代正美訳、ダイヤモンド社）

二八．『未来への決断――大転換期のサバイバル・マニュアル　*Managing in a Time of Great Change*』（一九九五年、日本版一九九五年、上田惇生、佐々木実智男、林正、田代正美訳、ダイヤモンド社）

二九．『ドラッカー・中内往復書簡――挑戦の時／創生の時　*Drucker on Asia: A Dialogue between Peter Drucker and Isao Nakauchi*』（一九九六年、日本版一九九五年、上田惇生訳、ダイヤモンド社）

三〇．『P・F・ドラッカー経営論集――すでに始まった二一世紀　*Peter Drucker on Profession of Management*』（一九九八年、日本版一九九八年、上田惇生訳、ダイヤモンド社）

三一．『明日を支配するもの――二一世紀のマネジメント革命　*Management Challenges for the 21st Century*』（一九九九年、日本版一九九九年、上田惇生訳、ダイヤモンド社）

三二．はじめて読むドラッカー・シリーズ『プロフェッショナルの条件――いかに成果をあげ、成長するか』（自己実現編）、『チェンジ・リーダーの条件――みずから変化をつくりだせ！』（マネジメント編）、『イノベーターの条件――社会の絆をいかに創造するか』（社会編）（*The Essential Drucker on Individuals/on Management/on Society*　日本版二〇〇〇年、上田惇生編訳、ダイヤモンド社。英語版二〇〇一年、英語版は *The Essential Drucker* と *A Functioning Society* の二分冊）

三三．『マネジメント【エッセンシャル版】——基本と原則Management: *Tasks, Responsibilities, Practices*』（一九七三年、日本版二〇〇一年、上田惇生編訳、ダイヤモンド社）
三四．『ネクスト・ソサエティ——歴史が見たことのない未来がはじまる *Managing in the Next Society*』（二〇〇二年、日本版二〇〇二年、上田惇生訳、ダイヤモンド社）
三五．ドラッカー名言集『仕事の哲学——最高の成果をあげる』『経営の哲学——いま何をなすべきか』『変革の哲学——変化を日常とする』『歴史の哲学——そこから未来を見る』（*Drucker Sayings on Individuals/on Management/on Change/on Society* 日本版二〇〇三年、上田惇生編訳、ダイヤモンド社）
三六．『実践する経営者——成果をあげる知恵と行動 *Advice for Entrepreneurs*』（日本版二〇〇四年、上田惇生編訳、ダイヤモンド社）

[著者]

P. F. ドラッカー（Peter F. Drucker）

1909年生まれ。フランクフルト大学卒。現在、米国クレアモント大学院大学教授。
ビジネス界にもっとも影響力をもつ思想家として知られる。東西冷戦の終結、転換期の到来、社会の高齢化をいち早く知らせるとともに、「分権化」「目標管理」「経営戦略」「民営化」「顧客第一」「情報化」「知識労働者」「ＡＢＣ会計」「ベンチマーキング」「コア・コンピタンス」など、おもなマネジメントの理念を生み発展させてきた。
主な著書に『現代の経営』『経営者の条件』『断絶の時代』『マネジメント』『明日を支配するもの』『ネクスト・ソサエティ』『企業とは何か』など多数ある。

[編訳者]

上田惇生（うえだ・あつお）

1938年生まれ。1961年サウスジョージア大学経営学科、64年慶應義塾大学経済学部卒業後、経団連事務局入局。同会長秘書、国際経済部次長、広報部長、（財）経済広報センター常務理事、ものつくり大学教授（マネジメント、社会論）を経て、現在、同大学名誉教授。渋沢栄一賞選考委員。「はじめて読むドラッカー」シリーズ、「ドラッカー名言集」四部作の編集・翻訳ほかドラッカー著作のほとんどを翻訳。ドラッカー自身から最も親しい友人、日本での分身といわれる。

http://www.iot.ac.jp/manu/ueda/

テクノロジストの条件――ものづくりが文明をつくる

2005年７月28日　第１刷発行
2005年11月29日　第３刷発行

著　者――P. F. ドラッカー
編訳者――上田惇生
発行所――ダイヤモンド社
〒150-8409　東京都渋谷区神宮前6-12-17
http://www.diamond.co.jp/
電話／03･5778･7232（編集）　03･5778･7240（販売）
装丁――――重原隆
製作進行――ダイヤモンド・グラフィック社
DTP――――インタラクティブ
印刷――――慶昌堂印刷（本文）・新藤（カバー）
製本――――ブックアート
編集担当――中嶋秀喜

ISBN 4-478-30072-0